Les cahiers d'exercices ASSiMiL

Anglais

LV1 Collège 4e LV1

Hélène Bauchart

À propos de ce cahier

Le cahier que tu t'apprêtes à découvrir est divisé en 3 parties : une consacrée à la grammaire, une à la prononciation, dans laquelle tu apprendras quelques règles à connaître pour partir du bon pied, et une à la culture et à la civilisation, dans laquelle tu découvriras quelques aspects des pays anglophones. La méthode du cahier repose sur une construction progressive des connaissances, que tu pourras assimiler de manière rapide et motivante tout en t'amusant. Au fil des pages, elle te permettra d'apprendre à échanger efficacement en anglais. Nous te conseillons de faire les sections et les unités dans l'ordre où elles apparaissent. Pourquoi ? Parce que tu auras besoin d'avoir acquis les connaissances grammaticales de chaque unité pour passer à la suivante, puis pour effectuer la partie « Culture et civilisation », qui est conçue de manière à réactiver tes nouvelles compétences dans un contexte plus large. Dans cette partie, les mots de vocabulaire déjà croisés, très transparents, déductibles en contexte ou à partir de ce que tu connais n'ont pas été traduits, pour solliciter ta réflexion. Il est en effet important que tu apprennes à construire ou déduire du sens à partir des connaissances dont tu disposes.

Pour la prononciation, le tableau des sons fourni sur le rabat de la couverture te donnera quelques repères pour démarrer dans l'apprentissage. Tu verras que les sons sont donnés entre crochets. Ils correspondent à des sonorités françaises proches des sons anglais.

D'un point de vue pratique, ce cahier permet de t'autoévaluer à plusieurs niveaux : après chaque exercice, dessine l'expression de tes icônes : 🙂 pour une majorité de bonnes réponses, 😐 pour environ la moitié et ☹ pour moins de la moitié. À la fin de chaque unité, reporte le nombre d'icônes de ces exercices et, en fin d'ouvrage, fais le bilan en reportant les icônes des fins d'unités dans le tableau général fourni.

Allez, à toi de jouer maintenant ! C'est parti !

Sommaire

Grammaire

Unité 1
Décrire et situer au présent. Autour des noms, adjectifs et prépositions

Noms et déterminants

Il existe deux catégories de noms en anglais :

- les dénombrables, dont on peut compter des unités (ex. : **one pen**, **two pens**, **three pens**, etc.) ;
- les indénombrables, qui ne se présentent pas sous forme d'unités individualisables (ex. : **money**, *l'argent* (en général) ; **butter**, *du beurre*). Sont indénombrables les **matières** (ex. : **plastic**, *le plastique* ; **wood**, *le bois*), les **notions abstraites générales** (ex. : **honour**, *l'honneur* ; **love**, *l'amour*) et les **denrées alimentaires** (ex. : **bread**, *le pain* ; **jam**, *la confiture* ; **meat**, *la viande*). Certains noms sont dénombrables en français mais indénombrables en anglais : **hair**, *les cheveux* ; **furniture**, *les meubles* ; **news**, *les nouvelles* ; **luggage**, *les bagages* ; **fruit**, *les fruits*.

Articles et déterminants compatibles	
Dén.	Au singulier : **a/an**, **the** (ex. : **a tree**, *un arbre* ; **the tree**, *l'arbre*). Au pluriel : **the**, un **nombre** ou **Ø** (ex. : **the trees**, *les arbres* ; **two trees**, *deux arbres* ; **Ø trees**, *des arbres* ou *les arbres* en général). Attention à **pyjamas**, *un pyjama* ; **jeans**, *un jean* ; **shorts**, *un short* ; **trousers**, *un pantalon* : ils sont toujours au pluriel (ex. : **My shorts are not comfortable** → *Mon short n'est pas confortable*). **Pluriels irréguliers** (rappel) : **sheep**, *un mouton* → **sheep**, des moutons ; **child**, *un enfant* → **children**, *des enfants* ; **mouse**, *une souris* → **mice**, *des souris* ; **tooth**, *une dent* → **teeth**, *des dents* ; **foot**, *un pied* → **feet**, *des pieds*.
Indén.	On les emploie avec **the** ou **Ø**. Ils sont suivis d'un verbe au singulier (ex. : **My hair is red** → *Mes cheveux sont roux*).

Les noms dénombrables et indénombrables sont utilisables avec les quantifieurs **some**, **any** et **no**. **Some** et **any** s'emploient pour évoquer une quantité non définie.

Any :

- à la forme interrogative (FI) pour interroger sur l'existence de quelque chose (ex. : **Is there any milk / Are there any eggs in the fridge?** ➜ *Y a-t-il du lait / des œufs dans le réfrigérateur ?*) ;
- à la forme négative (FN) pour signaler l'absence de quelque chose (ex. : **There isn't any milk / There aren't any eggs in the fridge** ➜ *Il n'y a pas de lait / d'œufs dans le réfrigérateur*). Dans les phrases négatives, **no** peut être employé à la place de **not ... any** (ex. : **There is no milk / There are no eggs in the fridge** ➜ *Il n'y a pas de lait / pas d'œufs dans le réfrigérateur*).

Some :

- à la forme affirmative (FA) pour évoquer une quantité non définie (ex. : **There's some milk / There are some eggs in the fridge** ➜ *Il y a du lait / des œufs dans le réfrigérateur*) ;
- à la forme interrogative (FI) pour proposer quelque chose (ex. : **Do you want some milk / eggs?** ➜ *Veux-tu du lait / des œufs ?*).

Rappel

To be

FA ✓	I **am** (**I'm**), he/she/it **is** (**'s**), we/you/they **are** (**'re**). Ex. : **We're English** ➜ *Nous sommes Anglais.*
FI ?	**Am** I, **is** he/she/it, **are** we/you/they? Ex. : **Are we English?** ➜ *Sommes-nous anglais ?*
FN ✗	I **am not** (**'m not**), he/she/it **is not** (**isn't**), we/you/they **are not** (**aren't**). Ex. : **We're not English** ➜ *Nous ne sommes pas anglais.*

Have got

FA ✓	I/you **have got** (**'ve got**), he/she/it **has got** (**'s got**), we/you/they **have got** (**'ve got**). Ex. : **She's got a boyfriend** ➜ *Elle a un petit ami.*
FI ?	**Have** I/you **got**, **has** he/she/it **got**, **have** we/you/they **got**? Ex. : **Has she got a boyfriend?** ➜ *A-t-elle un petit ami ?*
FN ✗	I/you **have not** (**haven't**) **got**, he/she/it **has not** (**hasn't**) **got**, we/you/they **have not** (**haven't**) **got**. Ex. : **She hasn't got a boyfriend** ➜ *Elle n'a pas de petit ami.*

Articles (1/2, bases)

- **a** : devant un dénombrable ;
- **Ø** : devant les notions générales, les généralités, les noms de repas ;
- **the** : devant les choses uniques (ex. : **the sun**, *le soleil* ; **the sky**, *le ciel*) ou devant un élément défini (ex. : **the cat**, *le chat* – sous-entendu notre chat. **The ketchup**, *le ketchup* – celui qui est sur la table).

Banque de mots

butter ['beut^{eur}], *beurre*
butterfly ['beut^{eu}flaï], *papillon*
cheese ['tchiz], *fromage*
chip ['tchip], *frite*
crosswords ['krosoueudz], *mots croisés*
fly ['flaï], *mouche*
French bean ['frèntch bin], *haricot vert*
fruit ['frout], *les fruits*
furniture ['feunitch^{eur}], *meubles*
ham ['Ham], *jambon*
honesty ['Hon^{eu}sti], *honnêteté*
honey ['Heuni], *miel*
leather ['lèDH^{eur}], *cuir*
love ['leuv], *amour*
meat ['mit], *viande*
milk ['milk], *lait*
moon ['moun], *lune*
news ['niouz], *nouvelles*
pasta ['past^{eu}], *pâtes*
pet ['pèt], *animal domestique*
pear ['pè^{eur}], *poire*
salt ['sôlt], *sel*
snail ['snèïl], *escargot*
snake ['snèïk], *serpent*
soft ['soft], *doux*
soup ['soup], *soupe*
spinach ['spinitch], *épinards*
sugar ['choug^{eur}], *sucre*
velvet ['vèlv^{eu}t], *velours*
waffle ['ouaf^{eu}l], *gaufre*

1 **Détache les mots au bon endroit, puis classe les noms dans le tableau.**

Fruitmeatbutterwafflesalthamchippastapearhoneyhonestylovevelvetleathersugar
cheesesnakespinachfurnituremilkpetnewssnailmoonbutterflycrosswordsflysoup

Noms dénombrables	Noms indénombrables

2 Mets ces phrases au pluriel quand c'est possible.

1. My French bean is cold. ➜ ....
2. Velvet is very soft. ➜ ....
3. My tooth is clean. ➜ ....
4. There is sugar in the cupboard. ➜ ....
5. Fair play is very important in sports. ➜ ....
6. The mouse has got cheese. ➜ ....
7. My brother has got a new scooter. ➜ ....
8. Pasta is an Italian specialty. ➜ ....
9. A snake is dangerous. ➜ ....
10. Spinach is not very good. ➜ ....

3 Entoure les termes qui conviennent à chaque nom.

1. Have you got some / any / no / the / a / five / Ø furniture?
2. Some / Any / No / The / A / Five / Ø milk is not very digestible.
3. I haven't got some / any / no / the / a / five / Ø pets.
4. There is some / any / no / the / a / five / Ø news.
5. Look Mum, there's some / any / no / the / a / five / Ø snail on the window.
6. Do you want some / any / no / a honey?

4 Passe les phrases suivantes à la forme demandée entre parenthèses (donne les deux formes possibles à la forme négative).

1. We've got some time. **(FI)**

→ ....

2. Are there any pets in the family? **(FN)**

→ ....

3. There is no ham in my sandwich. **(FA)**

→ ....

4. Is there any salt in the pasta? **(FN)**

→ ....

5. I don't like snails. **(FI)**

→ ....

5 Complète les espaces par the, a ou Ø.

1. Is ...... breakfast ready?
2. Sush! ...... baby is sleeping.
3. ...... dogs are very good companions.
4. Is there ...... problem with your computer?
5. ...... moon is so beautiful tonight!

6. The Johns have got ...... new car.
7. My sister loves ...... butterflies.
8. I love ...... science fiction. My brother has got a passion for ...... crosswords.
9. Where is ...... salt? It's not on ...... table.
10. Eww, there's ...... fly in ...... soup!

Rappel

Have got permet d'exprimer la possession (ex. : **I've got a new computer** → *J'ai un nouvel ordinateur*) mais aussi des caractéristiques mentales (ex. : **He's got a bad temper** → *Il a mauvais caractère*), physiques (ex. : **He's got a beard** → *Il a une barbe*) et des liens de parenté (ex. : **I've got one sister** → *J'ai une sœur*).

to be ou ***to have***? Un certain nombre d'expressions françaises contenant le verbe *avoir* se traduisent en anglais par **to be** + adjectif. *avoir raison / tort*, **to be right / wrong** *avoir faim / soif*, **to be hungry / thirsty** *avoir x années* (âge), **to be x years old** *avoir froid / chaud*, **to be cold / hot** *avoir de la chance*, **to be lucky**	Pour exprimer le poids, la hauteur / longueur, le prix, on utilise aussi **to be** pour traduire *ça fait*. **The castle is 30 meter high** → *Le château fait 30 mètres de haut.* **I am 1m60 tall** → *Je fais 1 m 60.* **The baby is 5 kilos** → *Le bébé fait / pèse 5 kilos.* **The snake is 5 meters long** → *Le serpent fait 5 mètres de long.* **This phone is 300 euros** → *Ce téléphone coûte 300 euros.*

Banque de mots

to belong to [bi'long t^{eu}], *appartenir à*
blanket ['blankit], *couverture*
cheek ['tch**i**k], *joue*
fancy ['fansi], *classe, de luxe*
fat ['fat], *gros*
girlfriend ['g**eu**lfrènd], *petite amie*
to have a sweet tooth ['Hav ^{eu} 'sou**i**t 'tou**TH**], *bien aimer le sucré, avoir le bec sucré*
lucky ['leuki], *chanceux*
only child ['^{eu}ounli 'tchaïld], *enfant unique*
party ['pâti], *fête*
scar ['skâ^{r}], *cicatrice*
turn ['t**eu**n], *tour*
wine ['ouaïn], *vin*
wool ['oul], *laine*

6 **Complète les espaces par to be ou to have got, conjugué à la forme et à la personne qui conviennent.**

1. Our history teacher .... a fancy car!
2. Anna .... a new phone. She .... so lucky!
3. Eric loves biscuits. He .... a sweet tooth!
4. Yes, Zack .... 20 years old. You............. right.
5. It .... cold in the bedroom and we .... no blankets!
6. Harry .... a scar on his cheek.
7. This bottle of wine .... 150 euros!
8. This alligator .... 4 meters long.
9. Paul .... an only child, he .... any brothers or sisters.
10. He .... 50 kilos, he .... not fat at all!

Indiquer la possession

Pronoms personnels sujets	I	you	he/she/it	we	you	they
Adjectifs possessifs	my	your	his/her/its	our	your	their
Pronoms possessifs	mine	yours	his/hers/Ø	ours	yours	theirs

Pronoms et adjectifs possessifs sont invariables en genre et en nombre (ex. : **our sister**, *notre sœur*; **our brother**, *notre frère*; **our parents**, *nos parents*).

Le génitif : possesseur + **'s** + chose possédée
(ex. : **my sister's tablet**, *la tablette de ma sœur*).
Noms pluriels se terminant par **s** : on ajoute juste **'**
(ex. : **my parents' computer**, *l'ordinateur de mes parents*).
Possesseur singulier se terminant par **s** : on ajoute **'s**
(ex. : **James's sister**, *la sœur de James*).
Pluriel irrégulier ne se terminant pas par **s** : on ajoute **'s**
(ex. : **our mice's cage**, *la cage de nos souris*).

7 Mets la bonne marque du possessif. Puis remplace les éléments soulignés par le pronom possessif qui convient.

1. The children ...... game console is broken. → ....
2. Lana ...... car is Japanese. → ....
3. Seamus ...... girlfriend is Spanish. → ....
4. Our cousins ...... party is tomorrow. → ....
5. This sheep ...... wool is very soft. → ....

8 Remplace les parties soulignées par l'adjectif ou le pronom possessif qui convient.

1. The car belongs to me → It's ....
2. Peter is my brother and your brother → He is ..... brother.
3. It's Melanie's turn → It's ..... turn → It's ..... .

9 Trouve les lettres manquantes.

1. Trace laissée par une blessure : _ _ AR
2. Tient chaud la nuit : BL _ _ KE _
3. Jus de raisin pour adultes : _ I _ E
4. On en a une de chaque côté du visage : CH _ _ K
5. Il n'a ni frère ni sœur : O _ _ Y CH_ _ D
6. Fourrure des moutons : _ _ OL

10 Comment traduirais-tu ces énoncés ?

1. Ma petite amie a le bec sucré.

....

2. Je n'ai pas de chance, cette voiture de luxe ne m'appartient pas !

....

Les adjectifs

Rappel : Les adjectifs anglais sont invariables. L'adjectif peut être placé :
- avant le nom qu'il qualifie (adjectif épithète).
  Ex. : **This is a fancy car** → *C'est une voiture de luxe.*
- après le nom et un verbe d'état comme **to be** ou **to seem** (adjectif attribut).
  Ex. : **This car is fancy** → *Cette voiture est luxueuse.*

Banque de mots

boastful ['b^{eu}oustf^{eu}l], *vantard*
bright ['braït], *brillant, intelligent*
to complain [k^{eu}m'plèïn], *se plaindre*
considerate [k^{eu}n'sid^{eu}r^{eu}t], *attentionné*
cowardly ['kaou^{eu}dli], *lâche*
friendly ['frèndli], *amical*
funny ['feuni], *drôle*
greedy ['gridi], *gourmand*
grumpy ['greumpi], *grincheux*
kind ['kaïnd], *gentil*
lazy ['lèïzi], *paresseux*
moody ['moudi], *lunatique*
optimistic [opti'mistik], *optimiste*
quiet ['kouaï^{eu}t], *calme*
reliable [ri'laï^{eu}b^{eu}l], *fiable*
selfish ['sèlfich], *égoïste*
to seem ['sim], *paraître*
sensitive ['sèns^{eu}tiv], *sensible*
to show off ['ch^{eu}ou of], *crâner*
shy ['chaï], *timide*
stubborn ['steub^{eu}n], *têtu*
a tendency to ['tènd^{eu}nsi], *une tendance à*
view of things ['viou ^{eu}v 'THingz], *vision des choses*

II **Remets les lettres dans l'ordre pour reconstituer 6 adjectifs, que tu classeras dans le tableau suivant.**

FOTABLUS TGRIHB NYFUN

MUGYRP MYDOO IREBALEL

Adjectifs de personnalité positifs	Adjectifs de personnalité négatifs

12 Mrs Flanders nous décrit ses trois voisins. Trouve les 6 adjectifs dont tu auras besoin pour les qualifier dans la grille, puis place-les à l'endroit qui convient dans les phrases suivantes.

A	S	E	L	F	I	S	H
F	K	Z	S	L	A	Z	Y
R	V	A	T	O	P	T	I
I	G	Q	U	I	E	T	E
E	R	I	B	K	I	N	D
N	E	T	B	R	I	T	E
D	E	M	O	O	D	Y	S
L	D	O	R	U	A	V	H
Y	Y	U	N	V	B	I	Y
E	B	R	I	G	H	T	O

1. Alex mange beaucoup de sucreries et il ne fait pas beaucoup de bruit.
Alex is .... and ....

2. Ben a l'humeur changeante et il réfléchit / comprend vite.
Ben is .... and ....

3. Laura ne pense pas beaucoup aux autres et elle se montre souvent obstinée.
Laura is .... and ....

13 Reformule les adjectifs suivants en utilisant **have got** conjugué à la forme adéquate et l'un des éléments suivants :

attention for other people

positive view of things

a tendency to complain

courage

a tendency to show off

1. She / have got no .... → She is cowardly.

2. My brother / have got .... → Is he grumpy?

3. My cousins / have got no .... → They are not considerate.

4. I / have got a .... → I am an optimistic man.

5. Her husband / have got .... → He seems to be boastful.

Adjectifs en *-ing* et en *-ed*

Il existe un certain nombre d'adjectifs se terminant par **-ing** ou **-ed**. Ces adjectifs sont souvent confondus. Retiens que ceux en **-ing** ont un sens actif et indiquent une qualité suscitant un effet, alors que ceux en **-ed** ont un sens passif et indiquent ce que l'on ressent (ex. : **This book is interesting → I am interested in this book →** *Ce livre est intéressant → Je suis intéressé par ce livre*).

14 Entoure l'adjectif qui convient.

1. Eww, this cake is *disgusted* / *disgusting*! (**to disgust**, *dégoûter*)
2. Our little boy has got a new friend, he's so *excited* / *exciting*. (**to excite**, *enthousiasmer*)
3. He is not very considerate. I'm *disappointed* / *disappointing*. (**to disappoint**, *décevoir*)
4. This film is too long, it's *bored* / *boring*. (**to bore**, *ennuyer*)

Les adjectifs composés

Les adjectifs composés sont formés de deux éléments, le premier venant apporter une précision (de nature, de fonction, etc.) sur le second (ex. : **a part-time job**, *un emploi à temps partiel*). Il existe d'ailleurs de nombreux adjectifs composés en **-ing** et **-ed**. Là aussi, le **-ing** donne un sens actif et le **-ed** un sens passif à l'adjectif (ex. : **He is a dark-haired man →** *C'est un homme aux cheveux foncés*; **He is easy-going →** *Il est facile à vivre*). Le premier élément des adjectifs composés peut être un chiffre ou un nombre, dans ce cas le nom qui le suit ne prend pas de **s** (ex. : **a two-hour film**, *un film de deux heures*).

Banque de mots

free ['fri], suffixe indiquant l'absence de quelque chose (ex. : **gluten-free bread**, *du pain sans gluten*)

heart ['Hât], *cœur*
high ['Haï], *haut, élevé*
mind ['maïnd], *esprit*
temper ['tèmp^eur], *caractère*

15 **Le second élément des adjectifs composés suivants a généralement été placé dans la mauvaise phrase ; replace-le à l'endroit qui convient et trouve dans quelle phrase l'adjectif composé est correctement formé.**

1. There is no sugar in my tea. It is sugar-**quality**. ....
2. A handsome boy is a good-**hearted** boy. ....
3. Keith has got a good temper. He is good-**speaking**. ....
4. Holidays for 3 weeks are three-**week** holidays. ....
5. Australia is an English-**tempered** country. ....
6. My father hasn't got a good memory. He is absent-**eating**. ....
7. Alan is generous. He is kind-**looking**. ....
8. Carnivors are meat-**minded** animals. ....
9. German cars are high-**free** products. ....

L'exclamation

Il existe deux grands types de phrases exclamatives :

- une portant sur un **adverbe** ou un **adjectif**. On utilise **How + adj.** (ex. : **How beautiful your sister is!** ➜ *Comme ta sœur est jolie !*) ou **so + adj.** (ex. : **Your sister is so beautiful!** ➜ *Ta sœur est si jolie !*).
- une portant sur un **nom** ou un **groupe nominal** : on utilise **what a(n) + (adj.) + nom** (ex. : **What a funny boy!** ➜ *Quel garçon drôle !*), et **such a(n) + (adj.) + nom** (ex. : **He's such a funny boy!** ➜ *C'est un garçon si drôle !*). Lorsque le nom sur lequel porte l'exclamation est un indénombrable, on ne met pas d'article (ex. : **What beautiful weather / There is such beautiful weather there!** ➜ *Quel temps magnifique ! / Il fait un temps si magnifique là-bas !*).

16 **Entoure la ou les exclamation(s) correctement formée(s).**

1. a. What delicious pasta! b. What a delicious pasta! c. How delicious is your pasta!
2. a. What a white teeth you've got! b. Your teeth are so white! c. You've got white such teeth!
3. a. This is such a colourful butterfly! b. This butterfly is so colourful! c. What colourful butterfly!
4. a. How considerate he is! b. He is so a considerate man! c. He is such a considerate man!
5. a. This is such a quiet room! b. What quiet room! c. This room is so quiet!

17 Transforme les phrases suivantes en utilisant **such** pour les phrases 1 et 2, **what** pour les phrases 3 et 4 et **how** pour les phrases 5 et 6.

1. What exciting news!

....

2. How moody this man is!

....

3. Your sister is such a stubborn girl!

....

4. My jeans are so comfortable!

....

5. What a terrifying snake!

....

6. This spinach is so disgusting!

....

Le comparatif

	Adjectifs courts*	Adjectifs longs
d'infériorité	**Less + adj. + than**. Assez peu utilisé, car les Anglais préfèrent souvent utiliser le comparatif de supériorité avec l'adjectif opposé ou, à défaut, la forme négative du comparatif d'égalité (ex. : **My book is less interesting than yours** ➜ *My book is more boring than/not as interesting as yours*).	
d'égalité	**As + adj. + as** (ex. : **Finton is as shy as Liam** ➜ *Finton est aussi timide que Liam*).	
de supériorité	**Adj. + -er + than** (ex. : **I'm funnier than you** ➜ *Je suis plus drôle que toi*).	**More + adj. + than** (ex. : **My brother is more stubborn than me** ➜ *Mon frère est plus têtu que moi*).
le double comparatif	**Adj. + -er and adj. + -er** (ex. : **Our neighbour is kinder and kinder** ➜ *Notre voisin est de plus en plus gentil*).	**More and more + adj.** (ex. : **The doctor is more and more optimistic** ➜ *Le médecin est de plus en plus optimiste*).

* Adjectifs d'une syllabe ou de deux syllabes se terminant par **-y**, **-er**, **-ow**.

Banque de mots

cheap ['tchip], *bon marché*
expensive [ik'spènsiv], *cher*
close to ['kl[eu]ous], *proche de*
far ['fâ[r]], *éloigné, lointain*
foolish ['foulich], *bête, sot, imprudent*
wise ['ouaïz], *raisonnable, sage*
hardworking ['Hâdoueuking], *bosseur, travailleur*
lazy ['lèïzi], *paresseux*
dangerous ['dèïndj[eu]r[eu]s], *dangereux, peu sûr*
safe ['sèïf], *en sécurité, sûr*
sour ['sa-ou[eur]], *acide*
sweet ['souit], *doux, sucré*

18 Place les adjectifs suivants à côté de l'image qui leur correspond le mieux.

Hardworking, dangerous, sweet, expensive, sour, lazy, cheap

a. ....

b. ....

c. ....

d. ....

e. ....

f. ....

g. ....

19 Complète les espaces par l'adjectif le plus logique, à la forme de comparatif adaptée.

sweet   close to   fat   dangerous

1. Leeds is .... Manchester than London.
2. Spoons are .... than knives.
3. Oranges are .... than lemons.
4. Judoka are not .... Sumos.

20 **Reformule ces énoncés de deux manières plus naturelles pour les anglophones.**

1. Your brother is less foolish than mine. → ....
→ ....
2. My neighbourhood is less safe than yours. → ....
→ ....
3. Laura is less hardworking than her sister. → ....
→ ....
4. This black coat is less cheap than the red one. → ....
→ ....

21 **Traduis les énoncés suivants.**

1. Mes frères et sœurs sont de plus en plus raisonnables.
....
2. Les ordinateurs sont de moins en moins chers.
....

Les deux présents

	Présent continu (ou -ing)	Présent simple
construction	*To be* + **base verbale** + -ing FA : I*'m* **sing**ing, they*'re* **read**ing FI : *Am* I **sing**ing? *Are* they **read**ing? FN : I*'m* not **sing**ing. They*'re* not **read**ing.	**Base verbale** à toutes les personnes avec ajout d'un **-s** la 3e personne du singulier FA : I **sing** / She **reads** FI : Do I **sing**? / Does* she **read**? FN : I do not (don't ['deuount]) **sing** / She does* not (doesn't ['deuzeunt]) **read** * Le **-s** de la 3e personne du singulier passe sur l'auxiliaire.
utilisation(s)	Pour une action en cours au moment où l'on parle. Avec ce temps, il n'est pas rare d'utiliser des adverbes comme **now**, *maintenant*, **right now / at the moment**, *en ce moment*, **today**, *aujourd'hui*.	Pour exprimer : • un état (relativement) permanent ; • une habitude ; • une vérité ou un principe général ; • ses goûts, sentiments et opinions.

Verbes ne se mettant qu'à la forme simple : les verbes de goût (**to love**, **to like**, etc), **to agree**, *être d'accord avec*, **to believe**, *croire*, **to feel**, *sentir*, **to hate**, *détester*, **to hear**, *entendre*, **to know**, *savoir*, **to matter**, *avoir de l'importance*, **to mean**, *signifier*, *vouloir dire*, **to mind**, *être dérangé par*, **to understand**, *comprendre*, **to need**, *avoir besoin de*, **to remember**, *se souvenir de*, **to see**, *voir*, **to think**, *penser*, **to want**, *vouloir*, **to wish**, *souhaiter*, **to hope**, *espérer.*

Banque de mots

apricot ['èïprikot], *abricot*
to argue ['âgiou], *se disputer*
to bake ['bèïk], *faire de la pâtisserie*
to bleed ['blid], *saigner*
blood ['bleud], *sang*
cherry ['tchèri], *cerise*
to cough ['keuf], *tousser*
crutches ['kreutchiz], *béquilles*
to entertain guests [ènt^{eu}'tèïn gèsts], *recevoir*
essay ['èsèï], *rédaction*
fizzy ['fizi], *gazeux*
to get on well ['gèt on ouèl], *bien s'entendre*
grapes ['grèïps], *raisin*
to grow ['gr^{eu}ou], *(faire) pousser*
junk food ['djeunk foud], *malbouffe*
mashed potatoes ['macht p^{eu}'tèït^{eu}ouz], *purée*
mushroom ['meuchroum], *champignon*
onion ['euni^{eu}n], *oignon*
to order ['ôd^{eur}], *commander*
pancake ['pankèïk], *pancake*
people ['pip^{eu}l], *gens*
pineapple ['païnap^{eul}], *ananas*
raspberry ['râzb^{eu}ri], *framboise*
recipe ['rès^{eu}pi], *recette*
rice ['raïs], *riz*
seafood ['sifoud], *fruits de mer*
to stand ['stand], *se trouver, être érigé (ici)*
strawberry ['strôb^{eu}ri], *fraise*
takeaway ['tèïk^{eu}ouèï], *plats à emporter*
teenager ['tinèïdj^{eur}], *adolescent*
to try ['traï], *essayer*

22 **Décline chaque phrase comme dans l'exemple.**

Lawrence – gaufre < ananas < cerises
Lawrence hates **waffles**. He doesn't mind **pinapple** but he prefers **cherries** to **pineapple**.

1. Anna –  < mashed  < 

....

2. Mark –  <  < 

....

3. Karim –  <  < 

....

23 **Remets les éléments dans l'ordre pour obtenir des phrases pertinentes, puis propose une traduction.**

1. ? / junk / teenagers / food / like / do / French → ....

....

2. order / cook / takeaway / people / when / want / don't / they / to → ....

....

3. garden / raspberries / apricots / our / in / grow / and / we → ....

....

4. moment / mother / baking / cake / her / the / cherry / at / a / is → ....

....

5. trees / grow / not / on / pineapples / do → ....

....

6. are / fizzy / drinks / children / the / having → ....

....

24 **Conjugue le verbe entre parenthèses à la bonne forme de présent.**

1. The Statue of Liberty .... (not to stand) in Washington.
2. Don't disturb me now! I .... (to write) my English essay.
3. My parents usually .... (to entertain) guests at weekends.
4. Mom, I .... (to need) a bandage, I .... (bleed)!
5. Tom and Jane .... (not to get on) well. They .... (to argue) again right now!
6. We .... (to hope) that your wife .... (to feel) better.
7. Look! He .... (to walk) with crutches!
8. What .... you .... (to mean) by 'it depends'?
9. .... snakes .... (to have) cold blood?
10. Listen! Joey .... (to cough) again!

Exprimer la fréquence

La fréquence s'exprime à l'aide de certains adverbes ou structures (voir banque de mots ci-dessous).

Place des adverbes de fréquence :

- entre le sujet et le verbe au présent simple (ex. : **She always goes to Spain in the summer** ➜ *Elle va toujours en Espagne en été*) ;
- après **to be** (ex. : **I'm never tired** ➜ *Je ne suis jamais fatigué*).

all the time ['**ô**l DH^{eu} 'taïm], *tout le temps*

always ['**ô**louèïz], *toujours*

hardly ever ['H**â**dli 'èv^{eur}], *presque jamais*

every day, week, month, year ['èvri 'dèï, 'ouik, 'meunTH, '**i**^{eur}], *tous / toutes les jours, semaines, mois, ans*

how many times a day / week / month… ? ['Ha-ou mèni 'taïms ^{eu} 'dèï, 'ouik, 'meunTH], *combien de fois par jour / semaine / mois… ?*

never ['nèv^{eur}], *jamais*

often ['of^{eu}n], *souvent*

occasionally [^{eu}'kèï**j**^{eu}n^{eu}li], *de temps en temps*

once ['oueuns], **twice** ['touaïs], **three times** ['THri 'taïms] : *une fois, deux fois, trois fois*

on + jour + s, *le + jour* (**on Sundays**, *le dimanche*)

Interroger sur la fréquence : **how often?** ['Ha-ou 'of^{eu}n], *À quelle fréquence… ?*

seldom ['sèld^{eu}m], *rarement*

sometimes ['seumtaïmz], *parfois*

usually ['i**ouj**^{eu}li], *généralement*

Banque de mots

to agree with [^{eu}'gri ouiDH], *être d'accord avec*

to brag ['brag], *se vanter*

bright side ['braït 'saïd], *le bon côté des choses*

to change ['tchèïndj] + **possessif** + **mind** ['maïnd], *changer d'avis*

easily ['iz^{eu}li], *facilement*

to fall asleep ['fôl ^{eu}'slip], *s'endormir*

to have a wash ['Hav ^{eu} 'ou**ô**ch], *faire sa toilette*

to keep a promise ['kip ^{eu} 'promis], *tenir une promesse*

to make a noise ['mèïk ^{eu} 'noïz], *faire du bruit*

to practice ['praktis], *s'entraîner, pratiquer*

practice, *l'entraînement*

to take care of ['tèïk 'kè^{eur} ^{eu}v], *prendre soin de*

to tell jokes ['tèl 'dj^{eu}ouks], *raconter des blagues*

work ['oueuk], *travail*

25 Relie chaque adjectif à sa reformulation (adjectifs abordés p. 12).

1. He is greedy. •	• a. He doesn't make much noise.
2. He is reliable. •	• b. He tells jokes.
3. He is funny. •	• c. He sees the bright side.
4. He is stubborn. •	• d. He takes care of others.
5. He is shy. •	• e. He never changes his mind.
6. He is quiet. •	• f. He doesn't like work.
7. He is considerate. •	• g. He brags all the time.
8. He is optimisitic. •	• h. He keeps his promises.
9. He is lazy. •	• i. He eats all the time.
10. He is boastful. •	• j. He does not talk to people easily.

26 Place l'adverbe de fréquence qui convient dans les bulles suivantes, sachant que les jumeaux sont ceux qui vont le moins souvent à la campagne (country) et Rachel celle qui y va le plus. Occasionally, hardly ever, seldom.

27 Remets les éléments dans l'ordre et intègre l'adverbe de fréquence.

1. boyfriend / agree / I / sister's / my / with (usually)

....

2. eleven / asleep / children / o'clock / before / fall / the (hardly ever)

....

3. are / drinks / cheap / fizzy (often)

....

4. to / Saturdays / goes / gymnastics / my / on / mother (sometimes)

....

5. practice / rugby / we / after / have / wash / a (always)

....

28 Pose la question qui permet d'obtenir la réponse suivante.

1. He eats chocolate <u>twice a day</u>.

....

2. I practice rugby <u>three times</u> a week.

....

Banque de mots

board game ['bôd 'gèïm], *jeu de société*
chicken ['tchik^{eu}n], *poulet*
daughter ['dôt^{eur}], *fille (par rapport aux parents)*
fluently ['flou^{eu}ntli], *couramment*
to hang about with friends ['hang ^{eu}ba-out], *traîner avec des amis*
ice rink ['aïs rink], *patinoire*
lamb ['lam], *agneau*
to learn ['leun], *apprendre*
to look after ['louk âft^{eur}], *garder, s'occuper de quelqu'un*
mountain ['ma-ountin], *montagne*
neighbour ['nèïb^{eur}], *voisin*
peas ['piz], *petits pois*
seaside ['sisaïd], *bord de mer*
vegetables ['vèdjt^{eu}b^{eu}lz], *légumes*

29 **Construis des phrases en contrastant l'habituel de l'exceptionnel, comme dans l'exemple.**

Habitude...	Mais maintenant...
1. We / Sundays / chichen / always / have	Today / lamb / eat
We always have chicken on Sundays but today we're eating lamb.	
2. Julia / to the mountain / usually / go	Now / at the seaside / spend one's holidays
3. I / hardly ever / do homework on Sundays	At the moment / learn my irregular verbs
4. We / usually / hang about with friends	Today / to look after our little sisters

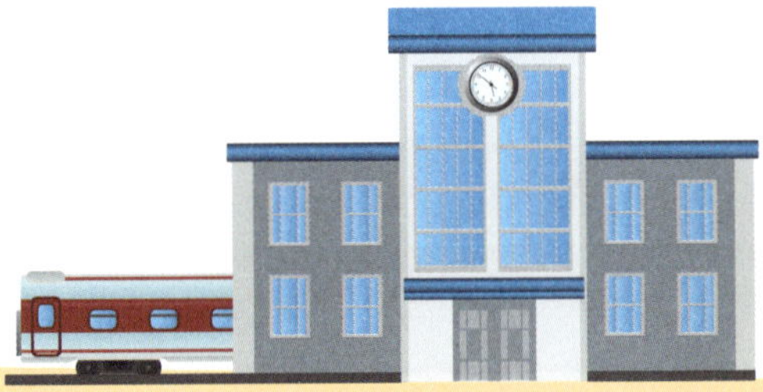

L'interrogatif *How*

Suivi d'un **adjectif** ou d'un **adverbe**, **how** permet d'interroger sur un certain nombre de caractéristiques :

- l'âge (ex. : **How old is your brother?** ➜ *Quel âge a ton frère ?*)
- la hauteur (ex. : **How high is the Eiffel tower?** ➜ *Quelle hauteur fait la tour Eiffel ?*)
- la taille (ex. : **How tall is this basketball player?** ➜ *Quelle taille fait ce joueur de basket ?*)
- la longueur (ex. : **How long is the river Seine?** ➜ *Quelle longueur fait la Seine ?*)
- la distance (ex. : **How far is the station?** ➜ *À quelle distance se trouve la gare ?*)
- le prix (ex.: **How much is this car?** ➜ *Combien coûte cette voiture ?*)
- la quantité (ex. : **How much sugar / how many biscuits do you want?** ➜ *Quelle quantité de sucre / combien de biscuits veux-tu ?*)
- la compétence (ex. : **How well do you speak English? How good are you at English?** ➜ *Quel est ton niveau en anglais ?*)

30 Pose la question qui permet d'obtenir la réponse suivante.

1. ....? My husband is 35 years-old.
2. ....? The Statue of Liberty is 151 feet.
3. ....? My snake is 5 meters long.
4. ....? My girlfriend lives two miles from Manchester.
5. ....? This car is 20,000 dollars.
6. ....? My neighbours have got five daughters.
7. ....? I speak German fluently.

31 Comment traduirais-tu les phrases suivantes ?

1. Quelle taille fait leur fille ?

   ....

2. Quelle longueur fait la patinoire ?

   ....

3. À quelle distance se situe le bord de mer ?

   ....

4. Amy ne veut pas traîner avec ses amis aujourd'hui.

   ....

Banque de mots

bricklayer ['briklèi^{eur}], *maçon*
to get on somebody's nerves
['gèt on 'seumb^{eu}diz 'n**eu**vz], *énerver quelqu'un*
headache ['Hèdèïk], *mal de tête*
mistake [mi'stèïk], *erreur*
It's none of your business! [its 'neun ^{eu}v i**ô** 'biznès],
Ce ne sont pas tes oignons !
painkiller ['pèïnkil^{eur}], *antidouleur*
to smoke ['sm^{eu}ouk], *fumer*

Not care et not mind

Sujet + not care → *n'en avoir rien à faire* (souvent dit avec colère, mépris). Ex. : **She doesn't care about other people!** → *Elle se fiche des autres !*

Sujet + not mind → *ne pas être dérangé par quelque chose* (attitude bienveillante à neutre). Ex. : **No, I don't mind if you open the window** → *Non, ça ne me dérange pas si vous ouvrez la fenêtre.*

32 Entoure le terme qui convient.

1. I don't **mind** / **care**, it's not my problem! You're getting on my nerves!
2. Do you **mind** / **matter** if I smoke?
3. I don't **mind** / **care** what you think! It's none of your business!
4. No, I don't **care** / **mind** if we have pasta again for dinner, I like it.

Les articles (2/2, approfondissement)

On met :

- **a** : devant les noms de profession et quelques expressions comme **make a noise**, *faire du bruit*, ou **have a headache** / **fever**, *avoir mal à la tête / de la fièvre* ;
- **Ø** : devant les sports, les pays et les titres officiels (ex. : **Ø President Obama is from Hawai** ; **Angus plays Ø handball in Ø Germany**) ;
- **the** : devant les instruments de musique (ex. : **my mother plays the piano**).

33 Complète les espaces par a, the ou Ø.

1. I play ...... trumpet in an orchestra and my sister plays ...... banjo in a folk band.
2. ...... Australia is a country and a continent.
3. My sister's husband is ...... bricklayer.
4. My father plays ...... ice hockey on Sundays.
5. ...... Queen Victoria married ...... Prince Albert in 1840.
6. I have ...... headache, I need a painkiller.

Un petit détour par les métiers

La question au présent simple **What do you do?** signifie *Que faites-vous dans la vie?* (comme métier).

clerk ['klâk], *employé de bureau*	**mechanic** [mi'kanik], *mécanicien*
company ['keump^{eu}ni], *entreprise*	**office** ['ofis], *bureau*
delivery driver ['dèlivri draïv^{eu}r], *chauffeur-livreur*	**parcel** ['pâs^{eu}l], *colis*
factory ['faktri], *usine*	**plumber** ['pleum^{eur}], *plombier*
job seeker ['djob 'sik^{eur}], *demandeur d'emploi*	**salesman** ['sèïlzm^{eu}n], *vendeur, commercial*
to look for a job ['louk f^{eur} ^{eu} 'djob], *chercher un emploi*	**sink** ['sink], *évier*
	unemployed [eun'èmploïd], *sans emploi*

34 Sépare les mots au bon endroit puis réponds aux questions.

Ourneighbourisasalesmanagerinaplumbingcompanyandherhusbandisamechanic. Emma'sfatherworksinacarfactorynearLeedsandhermotherisaclerk. Heisunemployedrightnowandheislookingforajob.MycousinSamisadeliverydriver.

1. Qui est employé(e) de bureau? ....

2. Qui recherche un emploi? ....

3. Qui travaille comme vendeur? ....

35 Complète la grille suivante.

Across (horizontalement)

2. He repairs your car.
4. He's looking for a job, he's a job .....
5. He repairs your sink.

Down (verticalement)

3. He works in an office and not in a factory.
1. He brings your parcels, he's a .... driver.

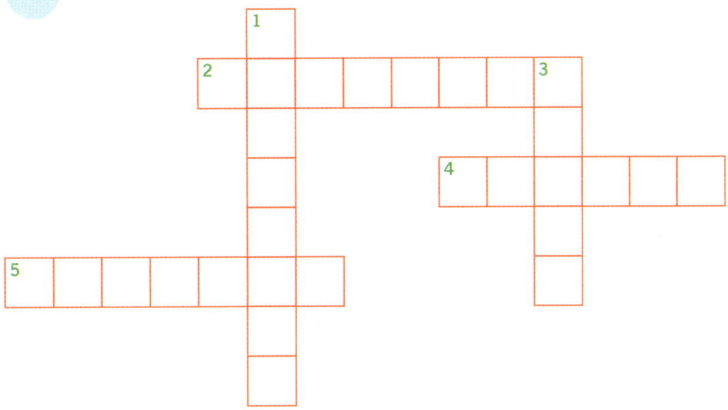

36 Comment traduirais-tu les phrases suivantes ?

1. Tu me tapes sur les nerfs !

……………………………………………………………………

2. Patrick est mécanicien et sa fille est employée de bureau.

……………………………………………………………………

3. Oui, je suis sans emploi en ce moment mais ce ne sont pas tes oignons !

……………………………………………………………………

Quelques prépositions spatiales statiques

above [^{eu}'beuv], *au-dessus de*
against [^{eu}'gènst], *contre*
below [bi'l^{eu}ou], *(en) dessous*
beside [bi'saïd], *à côté de*
in front of [in 'freunt ^{eu}v], *devant*
near ['ni^{eur}], *près de*
opposite ['op^{eu}zit], *d'en face, opposé*
under ['eund^{eur}], *en dessous de*

Banque de mots

coffee maker ['kofi mèïk^{eur}], *machine à café*
game console ['gèïm kon's^{eu}oul], *console de jeux*
jersey ['djeuzi], *maillot*
leak ['lik], *fuite (d'eau)*
surfboard ['seufbôd], *planche de surf*

37 Remets les lettres dans l'ordre pour reconstituer une préposition spatiale statique, puis propose une traduction.

1. There's a surfboard STAINGA ……………… the door.

→ ……………………………………………………………………

2. The mugs are WOBEL ……………… the coffee maker.

→ ……………………………………………………………………

3. I always keep my glasses ESIDEB ……………… my bed.

→ ……………………………………………………………………

4. There's a police car NI TRONF FO ……………… the neighbours' house.

→ ……………………………………………………………………

5. She's got a beautiful poster EVABO .... her bed.

....

6. I live RENA .... the station.

....

7. The school is TEIOSPOP .... the park.

....

8. There's a leak RUDEN .... the sink.

....

Les prépositions spatiales statiques *at*, *in* et *on*

At	In	On
• pour les endroits précis dans la ville (ex. : **at school**, *à l'école*) • devant les numéros de rue (ex. : **at 22 Fleet Street**, *au numéro 22 de Fleet Street*)	• devant les villes et pays (**in France**, **in Paris**, *en France*, *à Paris*) • devant les noms d'espaces clos ou ayant certaines limites (ex. : **in the garage**, *dans le garage*) • dans les expressions ayant trait à la météo (ex. : **in the rain**, *sous la pluie*) • pour exprimer l'idée d'être dans l'eau (**in the water**, *à l'eau, dans l'eau*)	• pour les moyens de locomotion (ex. : **on the train**, *dans le train*) • devant les noms de rues (ex. : **I live on Baker Street** ➜ *J'habite rue Baker*) • pour les divertissements (ex. : **on the radio**, *à la radio*) • pour les directions (ex. : **on the left**, *sur la gauche*) • pour les étages de maison (ex. : **on the ground floor**, *au rez-de-chaussée*)

Banque de mots

block of flats ['blok ^{eu}v 'flats], *immeuble*
famous ['fèïm^{eu}s], *célèbre*
plane ['plèïn], *avion*
right ['raït], *droite* (contraire de gauche)
shower ['cha-ou^{eur}], *douche*

38 Complète les espaces par in, on ou at.

1. I live ...... the first floor ...... a block of flats.
2. The cat is sleeping ...... the sun.
3. Your glasses are ...... the bathroom.
4. Dad is not ...... the doctor's. He's ...... work.
5. Our teacher lives ...... a small village, ... Germany.
6. My sister hates swimming ...... the sea.
7. The park is ...... your right.
8. The English Prime Minister lives ...... Downing Street, ... number 10.
9. I'm always sick ...... the plane.

Quelques prépositions dynamiques

around [^{eu}'ra-ound], *autour de*
down ['da-oun], *en bas* (mouvement vers le bas)
into ['int^{eu}], *dans, à l'intérieur de* (mouvement vers l'intérieur)
past [pâst], *devant*
through ['THrou], *à travers*
towards [t^{eu}'ouôdz], *vers, en direction de*
up ['eup], *en haut* (mouvement vers le bas)

Banque de mots

along [^{eu}'long], *le long de*
angry ['angri], *énervé, en colère*
beach ['bitch], *plage*
to fall ['fôl], *tomber*
neck ['nèk], *cou*
out of breath [a-out ^{eu}v 'brèTH], *essoufflé*
scarf ['skâf], *foulard, écharpe*
stairs ['stè^{eu}z], *marches (escalier)*
suburb ['seubeub], *banlieue*
to throw ['THr^{eu}ou], *lancer, jeter*
toy ['toï], *jouet*
watch ['ouôtch], *montre*

39 **Les propositions dynamiques suivantes ont été placées dans la mauvaise phrase, remets-les à l'endroit qui convient grâce à une flèche.**

1. My grandfather is out of breath when he walks **into** the stairs.
2. I hardly ever put a scarf **up** my neck.
3. Mum! Alan is falling **past** the stairs!
4. The cat usually comes **down** the house **towards** the window.
5. I walk **around** your house on my way to school.
6. Mr Jarvis is walking **through** our house. Is he coming here?

40 **Traduis les énoncés suivants.**

1. La gare est sur votre gauche.

....

2. Regarde-le ! Il met son maillot autour de son cou !

....

3. Nous habitons rue Pasteur, au numéro 6. Ma sœur habite en banlieue, près de Glasgow.

....

4. Beaucoup de gens courent le long de la plage.

....

Bravo, tu es venu à bout de la première unité ! Il est maintenant temps de compter les icônes et de reporter le résultat en page 128 pour l'évaluation finale.

Unité 2
Exprimer des actions passées

Le prétérit simple

Le prétérit est un temps qui permet d'exprimer des actions passées, terminées et souvent datées. Une date précise n'est pas forcément mentionnée, en revanche on utilisera ce temps avec un marqueur de temps passé, comme **yesterday**, *hier*, **ago**, *il y a*, **last week / month / year**, *la semaine dernière / le mois dernier / l'année dernière*; ou des indices indirects comme **when I was young**, *quand j'étais jeune*, etc. Parfois, c'est le contexte qui indique clairement que l'on se situe dans un passé révolu (ex. : **The ancient Egyptians built the pyramids** → *Les anciens Égyptiens ont bâti les pyramides*).

La formation de ce temps dépend de la nature du verbe. Il existe en effet des verbes réguliers et des verbes irréguliers. Le verbe **to be** est une forme irrégulière à apprendre également.

	Forme affirmative	Forme interrogative	Forme négative
Verbes réguliers	**Sujet + base verbale + -ed*** (ex. : **I/she/they played tennis yesterday** → *J'ai / elle a / ils ont joué au tennis hier*)	**Did + sujet + base verbale?** (ex. : **Did I/ she/they play tennis yesterday?** → *Ai-je / A-t-elle / Ont-ils joué au tennis hier ?*)	**Sujet + did not (didn't) + base verbale** (ex. : **We didn't play tennis yesterday** → *Nous n'avons pas joué au tennis hier*)
To be	I/she/he/it **was** We/you/they **were**	**Was** I/she/he/it? **Were** we/you/they?	I/she/he/it **was not (wasn't)** We/you/they **were not (weren't)**
Verbes irréguliers	**Sujet + forme fixe à apprendre** (ex. : **I/she/they went to the skate park yesterday** → *Je suis allé / elle est allée / ils sont allés au skatepark hier*). Cette forme fixe se trouve dans la 2e colonne des listes de verbes irréguliers (voir liste p. 121)	**Did + sujet + base verbale?** (ex. : **Did I/she/ they go to the skate park yesterday?** → *Suis-je allé(e) / est-elle allée / sont-ils allés au skatepark hier ?*)	**Sujet + did not (didn't) + base verbale** (ex. : **I/ she/they didn't go to the skate park yesterday** → *Je ne suis pas / tu n'es pas / ils ne sont pas allé(s) au skatepark hier*)

* La désinence **-ed** ne se prononce pas toujours de la même façon. Tu trouveras la règle ainsi qu'un exercice d'application dans la partie « Prononciation » de ce cahier, page 107.

Pour les exercices 1 à 3, reprenons les verbes utilisés dans l'unité 1.

Verbes réguliers (VR)	to complain, to agree, to believe, to hate, to need, to want, to hope, to hate, to love, to bake, to try, to walk, to cough, to look after, to look at, to watch
Verbes irréguliers (VI)	to feel, to hear, to know, to mean, to understand, to see, to think, to stand, to write, to get on, to have

1 Corrige les erreurs éventuelles de formation des temps dans cette copie.

1. Did you watched this action film last night? ....
2. I writed an e-mail to my Irish friend. ....
3. People wasn't rich in the neighbourhood. ....
4. My sister coughed all night. ....
5. We didn't understood the lesson about adjectives. ....

2 Relie chaque début de phrase à la suite qui lui correspond, puis propose une traduction.

1. They knew •	• a. on Market Street this morning.
	....
2. Did you mother •	• b. was a teacher.
	....
3. We saw Anna •	• c. some music in your bedroom an hour ago.
	....
4. My grandfather •	• d. their lesson by heart yesterday.
	....
5. She did not •	• e. bake a pie again?
	....
6. We heard •	• f. complain. She's not a grumpy girl.
	....

3 Passe les phrases suivantes à la forme demandée entre parenthèses.

1. You wanted to be a doctor when you were a child. (forme interrogative)

....

2. Laureen and Matt didn't get on well. (forme affirmative)

....

3. Did your parents have a car when they were 20? (forme affirmative)

....

4. They walked along the beach all day yesterday. (forme négative)

....

Banque de mots

Verbes réguliers	Verbes irréguliers	Autres mots
to borrow ['bor^{eu}ou], *emprunter* **to celebrate** ['sèl^{eu}brèït], *fêter* **to miss** ['mis], *rater* **to order** ['ôd^{eur}], *commander* **to shave** ['chèïv], *se raser* **to wait** ['ouèït], *attendre* **to walk** ['ouôk] **the dog**, *promener le chien* **to wash** ['ouôch], *laver* **to work** ['oueuk], *travailler*	**to catch** ['katch], *attraper* **to do** ['dou], *faire* **to go** ['g^{eu}ou], *aller* **to go out** ['g^{eu}ou a-out], *sortir* **to grow** ['gr^{eu}ou] **up**, *grandir* **to leave** ['liv], *partir, quitter* **to mow** ['m^{eu}ou], *tondre* **to oversleep** [^{eu}ouv^{eu}'slip], *dormir trop longtemps* **to read** ['rid], *lire* **to take** ['tèïk], *prendre*	**ago** [^{eu}'g^{eu}ou], *il y a …* **country** ['keuntri], *pays* **detective story** [di'tèktiv stori], *roman policier* **(some) gardening** [s^{eu}m 'gâdning], *du jardinage* **florist** ['florist], *fleuriste* **job interview** ['djob int^{eu}viou], *entretien d'embauche* **last week / month / year** ['last 'ouik, 'meunTH, 'i^{eur}], *la semaine dernière / le mois dernier / l'année dernière* **lawn** ['lôn], *pelouse* **(some) shopping** [s^{eu}m 'choping], *quelques courses* **yesterday** ['ièst^{eu}dèï], *hier* **in + année**, *en + année*

4 Conjugue les verbes entre parenthèses au prétérit simple.

1. My children .... (grow up) in the country.

2. James .... (oversleep) again. .... he (miss) .... the train yesterday?

3. I .... (to catch) the bus and .... (to go) to a job interview this morning.

4. We .... (to walk) the dog but we .... (not to wash) the car.

5. Lana .... (to read) a detective story. She .... (to order) it on the Internet.

5 La police interroge un suspect de vol. Il doit lui donner son emploi du temps de la journée pour vérifier son alibi mais il ne parle pas anglais, peux-tu traduire ses propos ?

What did you do in the morning?

Je me suis levé à 6 heures. J'ai pris un bain et je me suis rasé. Ensuite, j'ai envoyé une carte postale à ma sœur pour son anniversaire. J'ai pris le bus pour Coventry et j'ai rendu visite à ma mère. Je me suis arrêté au centre commercial. Je lui ai acheté des fleurs chez le fleuriste en face de chez elle.

"I .... up at 6 a.m. I .... a bath and I .... Then, I .... a postcard to my .... for ... . I .... the bus to Coventry and I .... my mother. I .... at the .... I .... her some .... at the .... her house."

What did you do in the afternoon?

J'ai aidé ma mère à nettoyer sa maison, j'ai fait quelques courses pour elle. J'ai perdu mon téléphone au centre commercial donc j'ai emprunté le sien. Je suis parti de chez elle à 17 heures. Je n'ai pas pris le train, je suis revenu chez moi en taxi.

"I .... my mother clean her house, I ... some .... for her. I .... my phone at the mall so I .... I .... her place at 5 p.m. I .... the train, I .... home in a ...."

What did you do in the evening?

J'ai tondu ma pelouse et j'ai jardiné. Dans la soirée, je suis resté à la maison et j'ai fêté l'anniversaire de mon meilleur ami. Je ne suis pas sorti.

"I .... my .... and .... some gardening. I .... home in the .... and .... my best friend's birthday. I ...."

Le prétérit -ing

Ce temps permet d'exprimer une action en cours de déroulement dans le passé (ex. : **At midnight yesterday, I was sleeping** → *À minuit, hier, je dormais*). On trouve souvent ce type de prétérit et le prétérit simple dans la même phrase car cela permet de dire qu'une action était en cours (au prétérit -ing) lorsqu'un événement (au prétérit simple) s'est produit (ex. : **She was eating toffee when she broke a tooth** → *Elle était en train de manger du caramel quand elle s'est cassé une dent*).

Banque de mots

arm ['âm], *bras*

to attend (VR) **something** [^{eu} 'tènd 'seumTHing], *assister à quelque chose*

a break ['brèïk], *pause*

to bump (VR) **into** ['beump int^{eu}], *tomber sur quelqu'un par hasard*

to burn (VI) ['beun], **burnt**, **burnt** ['beunt], *brûler*

to cook (VR) ['kouk], *cuisiner*

to die (VR) ['daï], *mourir*

to do (VI) **the dishes** ['dou DH^{eu} 'dichiz], *faire la vaisselle*

the flu ['flou], *grippe*

mall ['môl], *centre commercial*

to meet (VI) ['mit], **met**, **met** ['mèt], *se rencontrer*

meeting ['miting], *réunion*

the sales ['sèïlz], *les soldes*

to snow (VR) ['sn^{eu}ou], *neiger*

to wake up (VI) ['ouèïk ^{eu}p], *se réveiller*

6 **Trouve les mots anglais qui correspondent aux indices suivants dans la grille de mots cachés.**

1. endroit où les gens font des courses ....
2. période de baisse des prix ....
3. séance de travail et de discussion ....
4. temps de pause ....
5. gros rhume hivernal ....

A	R	E	I	M	S	O
D	O	B	R	E	A	K
R	A	E	S	E	L	A
M	A	L	L	T	E	N
E	I	B	R	I	S	A
I	F	L	U	N	A	V
C	I	F	O	G	T	U

7 **Remets les éléments dans l'ordre pour former des phrases pertinentes.**

1. attending / yesterday / we / important / afternoon / meeting / an / were

....

2. when / was / woke / snowing / up / it / we

....

3. her / arm / cooking / mother / burnt / was / my / she / when

....

8 **Forme des phrases contenant un prétérit -ing et un prétérit simple à partir des éléments fournis dans le tableau, puis propose une traduction.**

Action en cours dans le passé	Événement passé ponctuel l'ayant interrompu
1. She – be texting me	She – have – car accident
→	
Traduction :	
2. We – be shopping at the mall	We – bump into your sister
→	
Traduction :	

Traduire *pendant* (ne plus confondre *while* et *during*)

While est une conjonction, qui signifie *pendant que*. Elle est suivie de *sujet + verbe* (ex. : **It snowed while we were sleeping** ➜ *Il a neigé pendant que nous dormions*). Elle est souvent employée au prétérit -ing. On la confond beaucoup avec **during**, qui est une préposition signifiant *pendant* et qui est suivie d'un nom (ex. : **It snowed during the night** ➜ *Il a neigé pendant la nuit*). Les deux permettent d'exprimer une action qui se produit à un moment plus ou moins précis mais ils ne permettent pas d'exprimer une durée. Pour exprimer une durée, il faut employer **for** (ex. : **It snowed for several hours** ➜ *Il a neigé pendant plusieurs heures*).

9 **Entoure le terme qui convient.**

1. She called ***while*** / ***during*** I was mowing the lawn.
2. The pupils had cookies ***during*** / ***for*** the break.
3. I was sick with the flu ***during*** / ***for*** more than a week.
4. They met ***while*** / ***during*** the summer holidays.
5. I cleaned the windows ***while*** / ***during*** you were doing the dishes.
6. I bought these shoes ***while*** / ***during*** the sales.
7. I waited ***during*** / ***for*** 2 hours at the doctor's.
8. What did you do ***while*** / ***during*** I was reading?

Savoir utiliser *again* et *still*

Ils signifient tous deux *encore* mais pas dans le même sens. **Again** signifie *de nouveau* (idée de répétition. Ex : **Look, it's raining again!**) alors que **still** signifie *encore / toujours* (pas dans le sens d'**always**, mais dans le sens de *sans discontinuité*. Ex : **Thomas and Sarah are divorced but he still loves her**).

10 Complète les espaces par **still** ou **again.**

1. I was .... sleeping when you left home this morning.
2. The children are excited! It snowed .... last night!
3. What was I doing at 10 p.m. yesterday?
   I was .... studying hard for my exam.
4. I ran a marathon ten years ago but I did not do it .... in 2008!
5. He drank too much .... last night!
6. Jenny was .... a little girl when her father died.

Le present perfect

Contrairement au prétérit, le present perfect est un temps **en lien avec le présent**. Il permet notamment :
- d'exprimer un **bilan** sur ses expériences (ce qu'on a fait ou pas jusqu'à ce jour) ;
- de mettre en avant **le résultat (dans le présent)** d'une action passée non datée.

Au present perfect, le moment de l'action (la date par exemple) n'est pas précisé car ce qui importe n'est pas quand l'action a eu lieu (contrairement au prétérit) mais ses **conséquences dans le présent** (ex. : **I had dinner with Anna yesterday** → *J'ai dîné avec Anna hier* – c'était hier, le moment est mis en avant ; **I have had dinner** → *J'ai dîné* – sous-entendu possible : donc je n'ai pas faim).

Forme affirmative	Forme interrogative	Forme négative
Sujet + have au présent + participe passé* (ex. : **She has (she's) learnt her lesson** → *Elle a appris sa leçon* ; **They have ('ve) drunk wine** → *Ils ont bu du vin*)	**Have au présent + sujet + participe passé ?** (ex. : **Has she learnt her lesson?** → *A-t-elle appris sa leçon ?* ; **Have they drunk wine?** → *Ont-ils bu du vin ?*)	**Sujet + have au présent + not + participe passé** (ex. : **She has not (hasn't) learnt her lesson** → *Elle n'a pas appris sa leçon* ; **They have not (haven't) drunk wine** → *Ils n'ont pas bu de vin*)

* Base verbale + **-ed** pour les verbes réguliers ; forme fixe à apprendre dans le cas contraire (3e colonne des verbes irréguliers, page 121).

Le present perfect s'emploie beaucoup avec les adverbes **already**, **ever**, **never** et **yet**.

	Utilisation	Place dans la phrase
ever	Signifie *déjà*. À la forme interrogative pour demander si un événement s'est déjà produit au moins une fois dans sa vie.	Entre le sujet et le participe passé (ex. : **Have you ever been to Iceland?** ➜ *Es-tu déjà allé en Islande [de ta vie]?).*
already	Aux formes affirmative et interrogative. Signifie également *déjà*, mais dans le sens « avant le moment où nous en parlons ». **Already** peut traduire la notion de surprise quand l'action est déjà effectuée (idée de rapidité).	Entre le sujet et le participe passé (ex. : **I have already done my homework** ➜ *J'ai déjà fait mes devoirs*; **Have you already finished your homework? You made good time!** ➜ *Tu as déjà fini tes devoirs ? Tu as fait vite !*).
yet	Aux formes interrogative et négative (**not ... yet** ➜ *pas encore*), pour exprimer ce qu'on a déjà ou pas encore fait. À la différence d'**already**, **yet** a un champ d'action plus restreint et s'applique plutôt à une action que l'on fait dans la journée ou la semaine par exemple (sous-entend aussi que c'est quelque chose qui doit être fait).	Entre le sujet et le participe passé (ex. : **Have you taken a shower yet?** ➜ *As-tu déjà pris une douche ?* ; **I haven't taken my shower yet** ➜ *Je n'ai pas encore pris ma douche*).
never	S'utilise à la forme négative pour dire que l'on n'a *jamais* fait quelque chose de sa vie.	Entre l'auxiliaire et le participe passé (ex. : **I've never been to Iceland** ➜ *Je ne suis jamais allé en Islande [de ma vie]*).

Banque de mots

to close (VR) **down** ['kl^{eu}ouz daoun], *fermer définitivement*
to delay (VR) [di'lèï], *retarder*
to drive (VI) ['draïv], *conduire*
to earn (VR) ['**eu**n], *gagner de l'argent* (en travaillant)
to find (VI) ['faïnd], *trouver*
on time [on 'taïm], *à l'heure*
outside ['a-outsaïd], *en dehors de*
to pass (VR) **an exam** ['pas ^{eu} n ig'zam], *réussir un examen*
present ['prèz^{eu}nt], *cadeau*
proud ['pra-oud], *fier*
road ['r^{eu}oud], *route*
to save (VR) ['sèïv], *épargner (de l'argent)*
to send (VI) ['sènd], *envoyer*
to sing (VI) ['sing], *chanter*
slippery ['slip^{eu}ri], *glissant*
sore throat ['sô THr^{eu}out], *mal de gorge*
to travel (VR) ['trav^{eu}l], *voyager*
voice ['voïs], *voix*

11 Conjugue les verbes au present perfect puis attribue à chaque phrase la conséquence qui lui correspond parmi les propositions a à e.

1. He .... (find) a good job. •
2. I .... (burn) the pizza. •
3. The children .... (play) football in the rain. •
4. My father's factory .... (to close down). •
5. She .... (to sing) all night at the karaoke. •

• a. We need to go to the restaurant.
• b. She has no voice.
• c. He needs to look for another job.
• d. They have a sore throat.
• e. He earns a lot of money.

12 Corrige les erreurs dans les phrases suivantes.

1. Have you been ever to Jamaica? ....
2. She has not yet bought her Christmas presents. ....
3. I already have worked in a restaurant. ....
4. We have ever not travelled outside Europe. ....
5. My sister hasn't had any children not yet. ....
6. Yes, they have ever seen that film. ....

Le passé récent

Pour indiquer qu'une action vient tout juste de se produire, il suffit d'ajouter **just** après **have** dans une construction au present perfect : **have** + **just** + **participe passé** (ex. : **I have just taken a shower** ➜ *Je viens de prendre une douche*).

La proposition complétive de **cause**
Comme son nom l'indique, elle exprime une cause. Elle est introduite par la conjonction **because** (qui signifie *parce que*). Pour interroger sur la raison/cause de quelque chose, on utilise **why** (ex. : **Why are the children tired? They are tired because they played all afternoon** ➜ *Pourquoi les enfants sont-ils fatigués? Ils sont fatigués parce qu'ils ont joué toute l'après-midi*).

La subordonnée de **conséquence** (de résultat) est introduite par **so** (ex. : **They have played all afternoon, so they're tired** ➜ *Ils ont joué toute l'après-midi donc ils sont fatigués*).

13 Conjugue les verbes donnés entre parenthèses au present perfect puis relie les propositions par so ou because.

1. It .... (just to rain) a lot .... the road is slippery.

2. Tina's parents are very proud .... she .... (to pass) her exam.

3. My train .... (just to be delayed), ... I'm not going to arrive on time.

4. We cannot buy a new car .... we .... (not to save) enough money yet.

5. I .... (to send) her a Christmas card .... she lives far from me.

14 Pour chacune de ces phrases, interroge sur la cause, puis reformule à l'aide de so.

1. I haven't bought my Christmas presents yet because I haven't had the time.

....? ....

2. We have worked in a charity shop because we wanted to help poor people.

....? ....

Banque de mots

abroad [eu'breuoud], *(à) l'étranger*
to fall (VI) **asleep** ['fôl eu'slip], *s'endormir*
to get (VI) **married** ['gèt 'marid], *se marier*
to grow (VI) **a moustache** ['greu -ou eu meu'stach], *laisser pousser sa moustache*
to live (VR) ['liv], *vivre*
to rent (VI) [rènt], *louer*
to ride (VI) **a motorcycle** ['raïd eu 'meu -outeusaïkeul], *conduire une moto*
Sweden ['Souideun], *la Suède*

15 Observe le tableau puis suis les instructions A et B.

	Vient juste de le faire	L'a déjà fait une fois	Ne l'a jamais fait	Ne l'a pas encore fait
Yann	Fall asleep on the train	Live abroad	Grow a moustache	Ride a motorcycle
Fiona	Have short hair	Fall in love	Be to Sweden	Rent a car
Tom & Mia	Have a baby	Ride a motorcycle	Fall asleep on the train	Get married

A. Dis en anglais...

1. ... ce que Tom et Mia viennent de faire : ....

2. ... ce qu'ils n'ont pas encore fait : ....

3. ... ce que Yann a déjà fait une fois : ....

4. ... ce qu'il n'a jamais fait de sa vie : ....

B. Demande (puis réponds)...

5. ... à Fiona si elle a déjà loué une voiture : ....

6. ... si Fiona est déjà allée en Suède dans sa vie : ....

7. ... ce que Yann vient de faire : ....

8. ... ce que Tom et Mia ont déjà fait une fois : ....

16 Traduis les phrases suivantes.

1. Ont-ils déjà conduit sur une route glissante (de leur vie) ?

....

....

2. Ma sœur vient juste de réussir son examen.

....

....

3. Il n'a pas gagné beaucoup d'argent, il n'a donc pas épargné.

....

....

Le superlatif

	Adjectifs courts	Adjectifs longs
Superlatif d'infériorité (le moins ...)	**The least + adj.** Note cependant que les Anglais l'utilisent peu et préfèrent employer le superlatif de supériorité avec l'adjectif opposé (ex. : **the least expensive car**, **the cheapest car**)	
Superlatif de supériorité (le plus ...)	**The + adj. + -est** (ex. : **the kindest boy in the class**, *le garçon le plus gentil de la classe*)	**The most + adj.** (ex. : **the most stubborn player in the team**, *le joueur le plus têtu de l'équipe*)
Formes irrégulières : **good** → **the best** ; **bad** → **the worst** ; **far** → **the furthest**		

Remarque : Pour traduire *le plus / le moins ... de/du* dans les expressions contenant un superlatif (*le plus / le moins ... de la classe, de la ville, du monde, du* xxe *siècle*), on utilise **in** pour un lieu ou un groupe et **of** pour un moment ou une époque (ex. : **Mr Topson is the brightest man in the world / of the century** → *M. Topson est l'homme le plus brillant du monde / du siècle*).

Le superlatif s'emploie beaucoup avec le present perfect, accompagné de **ever** à la forme affirmative (ex. : **She's the tallest woman I have ever seen** → *C'est la plus grande femme que j'aie jamais vue*).

Banque de mots

annoying [eu'noïing], *énervant*
generous ['djèneu reus], *généreux*
lenient ['linieunt], *indulgent*
messy ['mèsi], *en désordre*
neat ['nit], *bien rangé*
neighbourhood ['nèïbeuHoud], *voisinage*
rough ['reuf], *rugueux, dur*
smooth ['smouDH], *doux, lisse*
stingy ['stindji], *radin*
strict ['strikt], *strict*
velvet ['vèlveut], *velours*
to wear (VI) ['ouèeur], *porter (un vêtement)*

17 Transforme ces énoncés de manière à les rendre plus naturels pour un anglophone.

1. He is the least generous man I've ever met.

1. ....

2. Our parents are the least strict parents I know.

2. ....

3. Velvet is the least rough material for clothes.

3. ....

18 Construis des superlatifs de supériorité à partir des éléments suivants, comme dans l'exemple.

How generous is your brother? C'est l'homme le plus radin que j'aie jamais vu.

→ *He's the stingiest man I've ever seen.*

1. How neat is this house? C'est la plus ordonnée du quartier.

→ ....

2. How comfortable is your woolen pullover? C'est le moins doux que j'aie jamais porté.

→ ....

3. How nice is her husband? C'est l'homme le plus énervant que j'aie jamais rencontré.

→ ....

4. How important was the invention of the Internet? Ça a été la plus importante du xxe siècle.

→ ....

19 Conjugue les verbes suivants au prétérit ou au present perfect.

1. Mrs Oliver .... (to become) a teacher in 2000.
2. .... (already – to see) this horror film?
3. I .... (not to take) my shower yet.
4. Look, Sarah .... (to be) to the hairdresser's.
5. .... ever .... (to cook) Thai food?
   Yes, I .... (to do) it last month.
6. The Romans .... (to wear) robes.

La durée

For indique une **durée**, que ce soit au présent, au prétérit, au present perfect ou même au futur (temps que nous verrons dans la prochaine unité). Une phrase utilisant **for** au present perfect indique que l'action continue dans le présent, on la traduit donc par un présent (ex. : **I have played rugby for two years** ➜ *Je fais du rugby depuis deux ans*). Au prétérit, l'action qui a duré est cependant terminée (ex. : **I played rugby for two years** ➜ *J'ai joué au rugby pendant deux ans*).

Since indique le point de départ (date, événement) d'une action. Il ne s'utilise qu'au present perfect et, là encore, une phrase utilisant **since** au present perfect indique que l'action continue dans le présent, on la traduit donc par un présent (ex. : **I have played rugby since 2015** ➜ *Je fais du rugby depuis 2015*).

20 Complète les espaces par for ou since, puis indique si l'action est terminée ou si elle continue (T ou C).

1. I worked for a charity shop .... ten years.
2. I have lived in Dublin .... three months now.
3. We have been married .... 1993.
4. She was a clerk .... twenty years.
5. I have not worked in this factory .... my accident.

How long

How long est utilisé pour interroger sur la durée d'une action. Il s'emploie à tous les temps.

- **How long + présent** (ex. : **How long do you study every day?** → *Combien de temps étudies-tu chaque jour ?*)
- **How long + présent** (ex. : **How long did you play rugby yesterday?** → *Combien de temps as-tu joué au rugby hier ?*)
- **How long + present perfect** (ex. : **How long have you played the piano?** → *Depuis combien de temps fais-tu du piano ?*)

21 **Pose la question portant sur les parties soulignées.**

1. ....?

We stayed at the hotel for five nights.

2. ....?

His wife has been sick for two years.

3. ....?

I practice the piano for three hours a day.

Les questions ouvertes

Ce sont des questions auxquelles on ne peut pas répondre par juste *oui* ou *non*. Elles sont introduites par un interrogatif en **wh-** ou par **how** et se structurent ainsi : interrogatif + auxiliaire + sujet … ?

How ['Hao], *comment ?*
What ['ouôt], *que, quoi ?*
When ['ouèn], *quand ?*
Where ['ouè^{eur}], *où ?*
Which ['ouitch], *lequel, laquelle, lesquels, lesquelles ?*
Who ['Hou], *qui ?*
Whose ['Houz], *à qui ?*
Why ['ouaï], *pourquoi ?*

La structure de **who** est particulière : **who** + verbe à la 3e pers. sing. + complément (ex. : **Who likes oysters?** → *Qui aime les huîtres ?*)

22 **Complète les espaces par le mot interrogatif qui convient.**

1. Mum, ... have you put my red shirt? It's not in my cupboard.
2. .... has eaten the milk chocolate? Mum, is that you?
3. .... did you buy your girlfriend? A scarf?
4. .... did you go to work today? By bus?
5. .... car have you bought? The German one or the French one?
6. .... did you bake these cookies? This morning or last night?
7. .... phone did you borrow? Your sister's?
8. .... did you leave the party early? Were you tired?

Les adverbes

Ce sont des mots **invariables** qui modifient ou apportent des précisions sur un verbe. Les adverbes répondent souvent aux questions *où*, *quand*, *comment*, *pourquoi*? La façon la plus simple de former un adverbe est d'ajouter **-ly** à un adjectif (ex. : **happy** ➜ **happily**, **quick** ➜ **quickly**) mais cela n'est pas toujours possible. Ces adverbes en **-ly** répondent la plupart du temps à la question **how...**? (ex. : **How does she run? Quickly** ➜ *Comment court-elle? Vite*).

Adverbes de **lieu** : **here**, *ici*; **there**, *là-bas*; **between**, *entre*
Adverbes de **temps** : **today**, *aujourd'hui*; **now**, *maintenant*; **yesterday**, *hier*; **already**, *déjà*
Adverbes de **manière** : **quickly**, *rapidement*; **suddenly**, *soudain*; **happily**, *joyeusement*
Adverbes de **fréquence** : **seldom**, *rarement*; **always**, *toujours*; **sometimes**, *parfois*
Adverbes de **degré** : intensificateurs comme **completely**, *complètement*; atténuateurs comme **almost**, *presque*
Adverbes de **modalité** : **perhaps** / **maybe**, *peut-être*; **probably**, *probablement*

Place des adverbes

D'une manière générale, en anglais, on ne sépare pas un verbe de son complément. Les adverbes se placent plutôt avant le verbe. Si le verbe est suivi d'un COD, l'adverbe viendra se placer après celui-ci. Si la phrase contient un auxilaire, l'adverbe se place entre l'auxiliaire et le participe passé (ex. : **I never go to Ireland / I have never been to Ireland** ➜ *Je ne vais jamais en Irlande / Je ne suis jamais allé en Irlande*). Mais ce n'est pas systématique. Voilà donc quelques principes :

en début de phrase	en fin de phrase	entre le verbe et l'auxiliaire
perhaps et **maybe** (possibilité)	adverbes de temps, de lieu et de manière	adverbes de manière, de degré, de modalité et de fréquence

23 Reformule à l'aide d'un adverbe de manière.

1. He sang the whole song in a perfect way → He sang it ....
2. Our daughter danced in a beautiful way → She danced ....
3. I speak German but in a very slow way → I speak German but very ....

24 Intègre les adverbes suivants dans les phrases.

1. He hasn't been very generous with her. (perhaps) ....
2. The children caught the flu. (yesterday) ....
3. Her husband became very annoying. (suddenly) ....
4. My father was a funny man. (sometimes) ....
5. He woke up the baby an hour ago. (almost) ....

25 Comment traduirais-tu ce dialogue ?

– As-tu vu Anna dernièrement (lately) ?
– ....

– Nous sommes tombés sur elle la semaine dernière.
– ....

– Où l'avez-vous vue ? – ....

– Au centre commercial, pendant les soldes.
– ....

– Comment allait-elle ? – ....

– Bien. Elle est mariée depuis 2015 et elle a eu un bébé en 2016, tu le savais ?
– ....

Bravo, tu es venu à bout de la deuxième unité ! Il est maintenant temps de compter les icônes et de reporter le résultat en page 128 pour l'évaluation finale.

Unité 3
Autour du futur et du conditionnel

	Formation	Contextes d'utilisation
Présent simple	Tu sais le faire depuis l'unité 1.	Pour un événement qui a lieu à un moment fixé par une autorité extérieure (horaire, programme).
Be + BV-ing	Tu sais le faire depuis l'unité 1.	Pour un projet ou une action **déjà pensé(e)** et **organisé(e)**. On emploie cette forme avec un marqueur de temps futur la plupart du temps (ex. : **I'm buying a new computer tomorrow** → *J'achète un nouvel ordinateur demain*).
Be going to + BV	**FA** : sujet + **to be** conjugué + **going to** + BV **FI** : **to be** conjugué + sujet + **going to** + BV? **FN** : sujet + **to be** conjugué + not + **going to** + BV	• Quand on a l'intention de faire quelque chose dans un futur proche ; • pour une prévision dans un futur proche (souvent déductible d'indices dans le contexte. Ex. : **She's taking her guitar, she's going to play** → *Elle prend sa guitare, elle va jouer*).
Be about to + BV	**FA** : sujet + **to be** conjugué + **about to** + BV **FI** : **to be** conjugué + sujet + **about to** + BV? **FN** : sujet + **to be** conjugué + not + **about to** + BV	Signifie *être sur le point de…* (ex. : **We're about to fall asleep** → *Nous sommes sur le point de nous endormir*).
Will + BV	**FA** : sujet + **will** + BV **FI** : **will** + sujet + BV? **FN** : sujet + **will not (won't)** + BV	On l'utilise dans plusieurs cas de figure : • avec une promesse / intention ferme (ex. : **I will help you** → *Je t'aiderai*) ; • pour un événement indépendant de notre volonté (ex. : **You will be old too some day** → *Toi aussi tu seras vieux un jour*) ; • pour un événement soumis à hypothèse (ex. : **She will cry if you tell her that** → *Elle pleurera si tu lui dis ça*). Remarque : la proposition subordonnée d'hypothèse est introduite par la conjonction **if** et la concordance est la même qu'en français (proposition principale au futur – proposition subordonnée au présent. Ex. : **I will fix your computer if I've got time** → *Je réparerai* ton ordinateur si *j'ai* le temps).

Banque de mots

to ask out ['ask a-out], *inviter quelqu'un à sortir*
as soon as [az 'soun az], *dès que*
to book ['bouk], *réserver*
chips ['tchips], *frites*
crumpled ['kreumpeuld], *froissé*
embassy ['èmbeusi], *ambassade*
to fix ['fiks], *réparer*
to hold ['Heuould], *tenir*
hot ['Hot], *chaud*
if ['if], *si*
to iron ['aïeun], *repasser*
to lend ['lènd], *prêter*
lipstick ['lipstik], *rouge à lèvres*
make up ['mèïk eup], *maquillage*
next ['nèkst] **week / month / year**, *la semaine / le mois / l'année prochain(e)*
printer ['printeur], *imprimante*
to print out ['print a-out], *imprimer*
to put on ['pout on], *mettre, enfiler*
to put on weight ['pout on 'ouèït], *prendre du poids*
resolute ['rèzeulout], *décidé, résolu*
soon ['soun], *bientôt*
storm ['stôm], *tempête, orage*
to take off ['tèïk of], *décoller*
temporarily ['tèmpreureuli], *temporairement*
tomorrow [teu'moreuou], *demain*

1 **Place l'un des termes suivants à l'endroit qui convient. Attention à la forme verbale, les verbes sont ici donnés à l'infinitif.**

to hold **to iron** **to fix** **to lend** **to put on** **printer** **lipstick**

1. She hasn't got a printer. I will .... her mine.
2. The mechanic is .... my car tomorrow.
3. A .... prints out documents.
4. I am going to .... my shirt, it's crumpled.
5. My sister loves make up. She has got a new ....
6. Your bag is heavy. I will .... it for you.
7. She eats chocolate all the time. She's going .... weight.

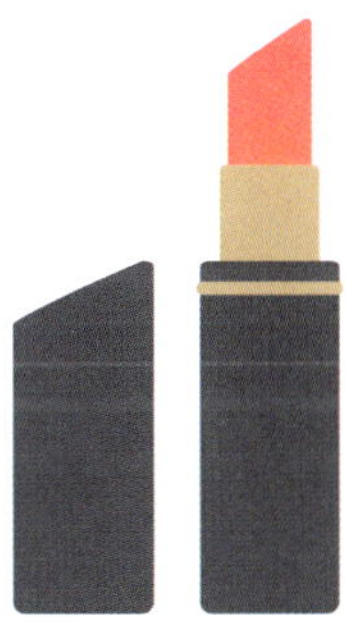

2 Complète le tableau suivant.

FA √	FI ?	FN X
1. I will lend her some money.	....	....
2.	Are you booking a table tonight?	....
3. He's about to fix my printer.	....	....
4.	....	The plane does not take off before 10.
5. I'm going to iron my shirt.	....	....

3 Complète les espaces vides de ce dialogue en conjuguant les verbes à la forme de futur qui convient le mieux.

1. – .... (to watch) a film?
   – Why are you saying that?
   – There are DVDs on your desk.
2. No, I .... (to go out). Where's my key?
3. I .... (to buy) our tickets for the concert tomorrow.
4. Be on time because the ticket office .... (to close) at 7 p.m.
5. Well, I .... (be on time) if the bus is not late.

4 Construis des phrases au futur à partir des éléments fournis. Les informations entre parenthèses te mettront sur la piste pour savoir quelle forme utiliser.

1. My mother – put on some make up (she's holding her lipstick) :

   ....

2. I – marry you soon (I promise you) :

   ....

3. The President – visit the embassy tomorrow (it's the protocol) :

   ....

4. He – ask Camilla out tonight (he's resolute) :

   ....

5. There – be a storm (it's very hot) :

   ....

6. You – put on weight (if you always eat chips) :

   ....

Banque de mots

A-levels [èï 'lèv^{eu}lz], *équivalent du bac*
to change ['tchèïndj] + nom pluriel, *changer de* + nom singulier
cheeky ['tchiki], *insolent*
driving licence ['draïving laïs^{eu}ns], *permis de conduire*
to get ['gèt], *obtenir*
laptop ['laptop], *ordinateur portable*
to move out ['mouv **a**-out], *déménager*
scooter ['sk**ou**t^{eur}], *scooter (et patinette !)*

5 Complète les mots fléchés suivants.

Across (horizontalement)

3. You ..... them: T-shirts, jeans, coats
4. You need it to drive a car: a driving ....
6. Portable computer: ....

Down (verticalement)

1. Equivalent of the Baccalauréat in England: A-.........
2. If you're in insolent, you're ....
5. To change houses: to .... out

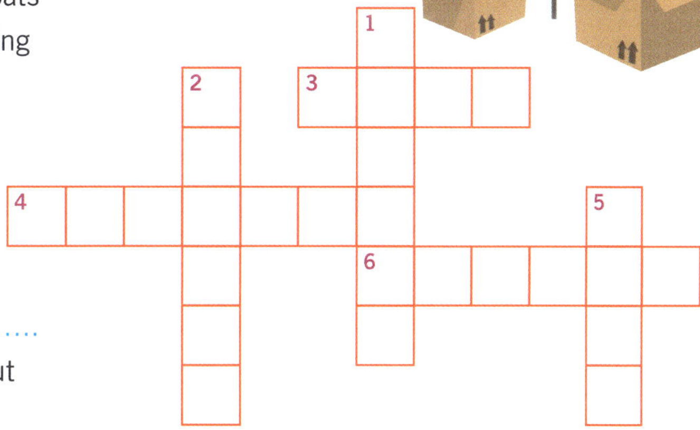

La subordonnée temporelle exprimant le futur

En anglais, lorsque la subordonnée principale est au futur, la proposition subordonnée (introduite par les marqueurs temporels **as soon as**, **when** ou **while**) se met au présent (ex. : **I will take a shower as soon as I come back home** → *Je prendrai une douche dès que j'arriverai chez moi*).

6 Conjugue les verbes entre parenthèses pour en faire des phrases exprimant un futur.

1. I .... (move out) to the U.S.A. if my father .... (to get) that job in Seattle.

2. .... (to wear) a kilt when you .... (to be) in Scotland?

3. As soon as I .... (to pass) my driving licence, I .... (to buy) a car.

7 **Formule la réponse de Mr Flanders aux requêtes de ses enfants.**

1. Nous t'achèterons un scooter si tu as ton bac.

→ ....

2. Nous t'achèterons un nouvel ordinateur portable quand tu seras moins insolente.

→ ....

Le conditionnel

Formation

FA : sujet + **would** (forme contractée **'d**) + BV (à toutes les personnes)
FI : **would** + sujet + BV
FN : sujet + **would not** (forme contractée **wouldn't**) + BV

Utilisations

- dans la structure **would like** pour formuler un souhait (ex. : **I would like some tea** → *J'aimerais du thé*)
- à la FI : pour proposer quelque chose (ex. : **Would you like a piece of cake?** → *Aimeriez-vous une part de gâteau ?*) ou faire une demande polie (ex. : **Would you do me a favour?** → *Me feriez-vous une faveur ?*)

La proposition subordonnée de condition avec **if** : Quand la proposition principale est au conditionnel avec **would**, la subordonnée introduite par **if** est au prétérit. Attention, dans cette utilisation particulière, la forme prétérit de **to be** est **were** pour toutes les personnes (ex. : **I would buy a castle if I were rich** → *J'achèterais un château si j'étais riche*; **Would you mind if I opened the window?** → *Est-ce que cela vous dérangerait si j'ouvrais la fenêtre?*).

Banque de mots

another [^{eu}'neuDH^{eur}], *un autre*
to date somebody ['dèït 'seumb^{eu}di], *sortir avec quelqu'un*
dark ['dâk], *sombre*
glass ['glas], *verre*
global warming ['gl^{eu}oub^{eu}l ouômi ng], *réchauffement climatique*
to get some sleep ['gèt s^{eu}m 'slip], *dormir un peu*
to help with ['Hèlp ouiDH], *aider à faire quelque chose*
magic wand ['madjik ouond], *baguette magique*
stressed out ['strèst a-out], *stressé*
to switch on/off ['souitch on/of], *allumer / éteindre*

8 Remets les lettres dans l'ordre pour former un mot qui donnera de la pertinence aux phrases suivantes.

1. She does not like alcohol, so she does not drink NIWE ....
2. If you've got a boyfriend, you TEDA .... him.
3. It's dark in the living room. Would you STWIHC NO .... the light, please?
4. Magicians generally have got a CAMIG DNAW ....
5. Our teacher asked us to write an ASESY .... about global warming.

9 Relie chaque début d'énoncé à la suite qui lui correspond.

1. What would you do if •	• a. if I smoked?
2. Would you mind •	• b. to rent this car.
3. Would you like to go •	• c. to the theatre with me?
4. We would like •	• d. you had a magic wand?

10 Conjugue les verbes suivants au temps qui convient (présent simple, futur, prétérit ou conditionnel).

1. Would she date him if he .... (to ask) her?
2. She .... (not be exhausted) if she worked less.
3. Be quiet, please. I .... (to like) to get some sleep.
4. .... (you go) to university if you get your A-levels?
5. .... (you / to mind) if I called you tonight?
6. Will you help me with my essay if you .... (to have) some time?

II Traduis les phrases suivantes.

1. Est-ce que ça vous dérangerait si j'éteignais la télévision ?

....

2. Mon père fumerait moins s'il n'était pas stressé.

....

3. Je sortirai avec lui quand il sera plus gentil.

....

4. Voudrais-tu un autre verre de vin ?

....

Should et had better

On forme aussi le conditionnel avec **should** et **had better**. Ils se conjuguent de la même façon à toutes les personnes.

	should	had better
formation	**FA** : sujet + **should** + BV **FI** : **should** + sujet + BV ? **FN** : sujet + **should not** (forme contractée **shouldn't**) + BV	**FA** : sujet + **had** (forme contractée **'d**) **better** + BV **FI** : **had** + sujet + **better** + BV ? **FN** : sujet + **had** (forme contractée **'d**) **better** + **not** + BV
utilisation	Pour formuler un conseil (ex. : **They should eat more vegetables** → *Ils devraient manger plus de légumes* ; **You shouldn't eat junk food** → *Tu ne devrais pas manger de la malbouffe*)	Pour formuler un conseil, avec une connotation supplémentaire, par rapport à **should**, de **mise en garde** (*tu ferais mieux de...*). Ex. : **You'd better take your medicine** → *Tu ferais mieux de prendre ton médicament* ; **You'd better not annoy him** → *Tu ferais mieux de ne pas l'énerver*. La mise en garde est parfois explicitée par la mention de ce qui pourrait arriver si on ne fait pas quelque chose (à l'aide d'une proposition introduite par **or** ou **or else**). Ex. : **He'd better do his homework or the teacher will punish him** → *Il ferait mieux de faire ses devoirs ou le professeur le punira.*

Remarque : had better s'applique plus à des conseils dans des situations particulières et **should** dans des situations générales. Tous deux sont souvent utilisés à la forme interro-négative (ex. : **Shouldn't you go to bed?** → *Ne devrais-tu pas aller te coucher ?* **Hadn't you better go?** → *Est-ce que tu ne ferais pas mieux d'y aller ?*).

Banque de mots

to apologise [eu'poleudjaïz], *s'excuser*
to dawdle ['dodeul], *traîner, lambiner*
to dump ['deump], *plaquer, quitter (quelqu'un)*
fishy ['fichi], *louche, suspect*
to get late ['gèt 'lèït], *se faire tard*
helmet ['Hèlmit], *casque*
icy ['aïsi], *verglacé*
sushi ['souchi] (indénombrable), *sushis*
truth ['trouTH], *vérité*

12 Mémorise la banque de mots puis, en essayant de ne pas la regarder, trouve la traduction des mots suivants dans la grille.

E	T	R	I	C	Y	M	E	T	A
B	O	U	K	R	A	O	T	D	R
R	I	C	O	M	P	L	A	I	N
D	R	L	T	C	O	I	M	R	O
A	K	I	R	O	L	A	O	I	D
W	S	A	U	L	O	R	N	S	U
D	O	M	T	A	G	A	K	H	M
L	M	E	H	F	I	S	H	Y	P
E	E	M	I	S	S	T	R	P	E
W	A	L	E	S	E	A	C	E	T

1. vérité ....
2. louche ....
3. verglacé ....
4. s'excuser ....
5. se plaindre ....
6. plaquer ....
7. rater ....
8. traîner ....

13 Forme des phrases à partir des éléments fournis en utilisant should et had better (à la forme contractée).

1. You / tell them the truth : ....

2. He / apologise to her : ....

3. They / not complain : ....

14 Mets les phrases suivantes aux formes interrogative, négative, puis interro-négative.

1. Emma should dump Ben.

FI : ....?

FN : ....

FIN : ....?

2. We'd better eat now.

FI : ....?

FN : ....

FIN : ....?

15 Relie chaque début de phrase à la suite qui lui correspond.

1. They should never ride •
2. We'd better not •
3. You'd better not eat •
4. I'd better go now, •
5. It's 11 p.m. Shouldn't you •

• a. that sushi, it looks fishy.
• b. a motorcycle without wearing a helmet.
• c. be in bed?
• d. take the car, the road is icy.
• e. it's getting late.

16 Remets les éléments dans l'ordre pour former une phrase pertinente et propose une traduction.

1. belt / should / fix / always / safety / their / they

→ ....

→ ....

2. to / strangers / Internet / shouldn't / on / talk / you / the

→ ....

→ ....

3. ? / day / brush / shouldn't / your / a / twice / teeth / you

→ ....

→ ....

4. essay / better / hadn't / her / write / she / ?

→ ....

→ ....

5. will / or / better / train / dawdle / we / miss / had / our / not / we

→ ....

→ ....

17 **Traduis les phrases suivantes.**

1. Tu ferais mieux de t'excuser ou Emma va te plaquer.

→ ....

2. Ne devrais-tu pas toujours dire la vérité ?

→ ....

Les quantifieurs

Pour choisir le bon quantifieur, il faut savoir si le nom qui suit ce quantifieur est un dénombrable ou un indénombrable (ce que nous avons révisé dans l'unité 1). Voici quelques quantifieurs utiles :

	dénombrables	indénombrables
peu de	**few** ['fiou](ex. : **few women**, *peu de femmes*)	**little** (ex. : **little wine**, *peu de vin*)
quelques	**a few** (ex. : **a few men**, *quelques hommes*)	**a little** (ex. : **a little money**, *un peu d'argent*)
assez	**enough** [i'neuf] (ex. : **enough eggs**, *assez d'œufs*)	**enough** (ex. : **enough time**, *assez de temps*)
beaucoup	**a lot of**, **lots of**, **plenty of**, **many** (ex. : **a lot of sweets**, *plein de bonbons*; **many cakes**, *de nombreux gâteaux*; **a lot of apples**, *beaucoup de pommes*)	**a lot of**, **plenty of**, **much** (ex. : **a lot of money**, *plein d'argent*; **plenty of time**, *plein de temps*; **much food**, *beaucoup de nourriture*)
la plupart	**most** (ex. : **most children**, *la plupart des enfants*)	**most of the** (ex. : **most of the time**, *la plupart du temps*)
tous les, toutes les / tout, tous tout(es)	• **all (the*) + pluriel** (ex. : **All pupils must arrive at 9** → *Tous les enfants doivent arriver à 9 heures*; **All the pupils in my class are bright** → *Tous les élèves de ma classe sont brillants*) * On ajoute **the** quand il s'agit d'un groupe défini. • **every + singulier** (ex. : **Every pupil must bring a packed lunch** = *Chaque élève doit apporter son repas*)	**all the** (ex. : **All the kitchen is white** = *Toute la cuisine est blanche*)
trop de	**too many** (ex. : **too many people**, *trop de gens*)	**too much** (ex. : **too much coffee**, *trop de café*)

Remarque : Pour éviter de répéter un nom indénombrable, on utilise beaucoup le pronom **one** (accordable en nombre). Ex. : **I've made cookies, do you want one?** → *J'ai fait des cookies, en veux-tu un ?* ; **I'm going to wear my brown shoes, I don't like the black ones** → *Je vais porter mes chaussures marron, je n'aime pas les noires.*

Banque de mots

Indénombrables :
advice ['eu'dvaïs], *conseils*
blood ['bleud], *sang*
clothes ['kleuouDHs], *vêtements*
damage ['damidj], *dégâts*
progress ['preuougrès], *progrès*
sunshine ['seunchaïn], *ensoleillement*
traffic ['trafik], *circulation*

Dénombrables :
party ['pâti], *fête*
pinch ['pintch], *pincée*
slice ['slaïs], *tranche*
to spend on ['spènd on], *dépenser en*

18 **Les mots de vocabulaire n'ont pas été placés dans la bonne phrase, remets-les dans la phrase qui convient et trouve quelle phrase contient le mot qui lui convient vraiment.**

1. He has cut his finger, there is **progress** everywhere!

➜ ....

2. We're going on holidays in Morocco, there is a lot of **traffic** there.

➜ ....

3. I gave him good **advice** and he thanked me for it.

➜ ....

4. The earthquake is going to cause a lot of **slice**.

➜ ....

5. There's a lot of **sunshine** on the road to Leeds!

➜ ....

6. My daughter had better make **blood** in maths.

➜ ....

7. I will have a **damage** of bread with cheese for lunch.

➜ ....

19 Entoure le quantifieur qui ne peut pas convenir.

1. I'm going to cut a few – enough – a lot of – a little slices of bread.
2. You should give her a little – every – much – enough advice.
3. I will arrive on time if there isn't a few – much – too much – a lot of traffic.
4. You'd better not add too many – plenty of – every – all the pinches of salt.
5. I would like plenty of – most – a little – enough sunshine.
6. There will be a little – much – few – plenty of blood on your shirt if you cut the meat.
7. He's about to make a lot of – many – enough – little progress.
8. You'd better not drink too many – most – all the – too much glasses of wine.

20 Coche la phrase qui est correctement formulée et traduis-la en français.

1. ☐ a. Every students in my university are taking their exams.
   ☐ b. All the students in my university are taking their exams.

   → ....

2. ☐ a. Most of the damage was not serious.
   ☐ b. Most damages were not serious.

   → ....

21 Reformule ces énoncés de sorte à éviter la répétition du nom.

1. Most biscuits are delicious but I prefer chocolate biscuits.

→ ....

2. There are two books on the desk. The bigger book is mine.

→ ....

22 Traduis ces phrases.

1. Tu ne devrais pas dépenser la plupart de ton argent pour des vêtements.

→ ....

2. Nous ferions mieux d'acheter suffisamment de nourriture pour notre fête.

→ ....

Faire une suggestion

Il existe plusieurs façons de suggérer à quelqu'un de faire quelque chose :

- **Let's + BV + !** (ex. : **Let's go to the cinema!** → Allons au cinéma !)
- **What about + BV-ing / nom** ou **How about + BV-ing / nom + ?** (ex. : **What about a drink?** → *Et si on prenait un verre ?* ; **How about going to the cinema?** → *Et si on allait au cinéma ?*)
- **Why don't we + BV?** (ex. : **Why don't we go to the cinema?** → *Et pourquoi on n'irait pas au cinéma ?*)

Banque de mots

cab ['kab], *taxi*
to learn ['leun], *apprendre*
lyrics ['liriks], *paroles (de chanson)*
to meet ['mit], *(se) rencontrer*
plate ['plèït], *assiette / plateau*
to share ['chèeur], *partager*
song ['song], *chanson*
word ['oueud], *mot*

23 Trouve les mots correspondant aux illustrations suivantes dans la grille de mots cachés :

L	I	L	E	A	R	D
Y	C	P	D	O	A	O
R	E	W	L	C	I	O
I	R	O	B	A	D	F
C	I	R	E	B	T	A
S	N	D	H	E	N	E
A	K	S	G	N	O	S

a. 

b. 

c. 

d. 

24 Place les mots suivants au bon endroit dans cette phrase : song, lyrics, words.

The .... in a .... are the ....

25 Mets les verbes entre parenthèses à la forme qui convient.

1. Let's .... (meet) at the park!
2. What about .... (go) to the ice rink?
3. Why don't we .... (share) a cab?
4. How about .... (redecorate) our bedroom?

26 **Remets dans l'ordre (la ponctuation a été enlevée, rétablis-la), puis transpose ces phrases à l'aide de l'élément fourni.**

1. her / tell / truth / why / the / we / don't ....

How about ....?

2. of / order / let's / seafood / plate / a ....

What about ....?

3. tea / nice / about / how / cup / a / of ....

Let's ....!

4. cream / little / about / ice / what / chocolate / a ....

Why don't we ....?

27 **Traduis ces phrases.**

1. Mangeons tous les fruits de mer !

→ ....

2. Et si on on apprenait chaque mot de cette chanson ?

→ ....

Les pronoms réfléchis

Ce sont : **myself**, **yourself**, **himself**, **herself**, **itself**, **ourselves**, **yourselves**, **themselves**. On les utilise pour insister sur le fait que l'on a réalisé quelque chose soi-même (ex. : **He has made this pie himself** → *Il a fait cette tarte lui-même*). Les pronoms réfléchis servent aussi à former des verbes pronominaux (verbes précédés de *se/s'* en français). Ex. : **I looked at myself in the mirror** → *Je me suis regardé dans le miroir.*

Banque de mots

by ['baï] + pronom réfléchi, *seul*
to cut + pronom réfléchi ['keut], *se couper*
to introduce [intr^eu'dious] + pronom réfléchi, *se présenter (quelqu'un)*
to enjoy [in'djoï] + pronom réfléchi, *s'amuser*
to help ['Hèlp] + pronom réfléchi, *se servir (à table)*
to make + pronom réfléchi + **at home**, *faire comme chez soi*

Verbes pronominaux en français mais pas en anglais
to argue ['âgiou], *se disputer*
to get up ['gèt ^eup], *se lever*
to get dressed ['gèt 'drèst], *(s')habiller*
to kiss ['kis], *(s')embrasser*
to wash ['ouôch], *(se) laver*

28 Certaines de ces traductions comportent des erreurs, sauras-tu les débusquer ?

1. *C'est son problème, elle devrait lui dire elle-même.* → **It's her problem. She should tell him herselves.**

→ ....

2. *Cet homme est seul.* → **That man is by itself.**

→ ....

3. *Nous nous présenterons à notre nouveau voisin.* → **We will introduce ourselves to our new neighbour.**

→ ....

4. *Les enfants devraient se laver avant le dîner.* → **The children should wash before dinner.**

→ ....

5. *John et Tina s'embrassent.* → **John and Tina are kissing themselves.**

→ ....

6. *Les enfants se sont bien amusés au zoo.* → **The children enjoyed theirselves at the zoo.**

→ ....

7. *La pizza est prête ! Sers-toi, Sarah, fais comme chez toi !* → **The pizza is ready! Help yourself Sarah! Make yourself at home!**

→ ....

8. *Je vais m'habiller.* → **I'm going to get dressed myself.**

→ ....

9. *Eva et Laurie se disputent beaucoup.* → **Eva and Laurie argue themselves a lot.**

→ ....

10. *Je vais écrire la dissertation moi-même.* → **I'm going to write the essay myself.**

→ ....

11. *Ma sœur s'est coupée en cuisinant.* → **My sister cut while she was cooking.**

→ ....

Bravo, tu es venu à bout de la troisième unité ! Il est maintenant temps de compter les icônes et de reporter le résultat en page 128 pour l'évaluation finale.

Unité 4
Autour des modaux

L'obligation et l'interdiction

Les auxiliaires modaux servent à présenter une action ou un fait sous un certain angle (celui de la possibilité, de l'obligation ou de l'interdiction notamment).

Commençons par **l'obligation** et **l'interdiction**. On les exprime à l'aide de **must** ou **have to**. On peut utiliser les deux au présent mais seul **have to** est adapté pour exprimer l'obligation au passé et au futur. **Must** se conjugue de la même façon à toutes les personnes, le **have** de **have to** se conjugue comme le **have** de **have got**.

Présent	**Must** [meust]	**Have to**
formation	**FA** : **sujet + must + BV** (ex. : **I/she/they must take the bus** ➜ *Je dois / Elle doit / Ils doivent prendre le bus*) **FI** : **must + sujet + BV** (ex. : **Must you/ we take a cab?** ➜ *Dois-tu / Devons-nous prendre un taxi ?*) **FN** : **sujet + must + not / mustn't** [meus[eu]nt] **+ BV** (ex. : **He/They mustn't go alone** ➜ *Il ne doit pas y aller seul / Ils ne doivent pas y aller seuls*)	**FA** : **sujet + have conjugué + to + BV** (ex. : **She has to finish her homework** ➜ *Elle doit finir ses devoirs*) **FI** : **Do/does + sujet + have to + BV** (ex. : **Do we have to finish our homework?** ➜ *Devons-nous finir nos devoirs ?*) **FN** : **sujet + don't/doesn't have to + BV** (ex. : **He doesn't have to finish his homework** ➜ *Il n'a pas à finir ses devoirs*)
utilisation	**FA** et **FI** : obligation **FN** : interdiction	**FA** et **FI** : obligation **FN** : absence d'obligation

Futur

FA : sujet + **will have to** + BV (ex. : **I will have to wash the dishes** ➜ *Je devrai faire la vaisselle*)
FI : **will** + sujet + **have to** + BV (ex. : **Will you have to wash the dishes?** ➜ *Devras-tu faire la vaisselle ?*)
FN : sujet + **will not (won't)** + BV (ex. : **She won't have to wash the dishes** ➜ *Elle n'aura pas à faire la vaisselle*)

Passé

FA : sujet + **had to** + BV (ex. : **He had to go to the doctor's** ➜ *Il a été obligé d'aller chez le médecin*)
FI : **did** + sujet + **have to** + BV (ex. : **Did we have to go to the doctor's?** ➜ *Est-ce que nous devions aller chez le médecin ?*)
FN : sujet + **did not (didn't) have to** + BV (ex. : **They didn't have to go to the doctor's** ➜ *Ils n'ont pas été obligés d'aller chez le médecin*)

Les faux amis (1/2)

Ce sont des mots qui ressemblent à certains mots français mais qui n'ont pas le même sens !

Banque de mots

to answer someone back ['ans[eur] … 'bak], *répondre (de manière insolente)*
broad ['brôd], *large*
canteen [kan'tin], *cantine*
to check ['tchèk], *vérifier*
eyesight ['aïsaït], *vue*
full time ['foul taïm], *à plein temps*
lunchbox ['leuntchboks], *panier-repas*
online ['onlaïn], *sur Internet, en ligne*
to pay attention ['pèï [eu]'tènch[eu]n], *prêter attention*
to abuse [[eu]'biouz], *insulter*
comprehensive [k[eu]mpri'Hènsiv], *complet*
definitely ['dèfin[eu]tli], *carrément, vraiment, certainement*
physician [fi'zich[eu]n], *médecin*
spectacles ['spèkt[eu]k[eu]lz], *lunettes*

1 **Passe les phrases suivantes à la forme demandée, puis indique le changement éventuel de signification modale entre parenthèses.**

1. I had to go to the dentist's this morning. (obligation)

FI : .... (   )

2. She must leave work soon. (   )

FI : .... (   )

3. Will she have to cook lunch herself? (   )

FA : .... (   )

4. You don't have to help me. (   )

FI : .... (   )

5. Must you do that again? (   )

FN : .... (   )

2 Place ces modaux à l'endroit qui convient, puis propose une traduction.

don't have to mustn't doesn't have to has to must

1. They .... pay attention if they want to pass their exam.

→ ....

2. Children .... answer their parents back.

→ ....

3. My brother .... eat at the canteen, he's got a lunchbox.

→ ....

4. We .... do the shopping, we'll order online.

→ ....

5. He wants a new car so he .... work full-time.

→ ....

3 Trouve les lettres manquantes dans ces mots faux amis.

1. You have to write a broad and c _ _ pre _ _ _ sive essay.
2. He was expelled because he answered his teacher back and _ _ used him.
3. My eyesight is good, I don't have to wear s _ ec _ _ cles.
4. – I've got a fever, must I call a _ _ _ _ _ cian?
   – _ _ _ inite _ _!

L'impératif et l'obligation

L'impératif sert à donner des ordres et formuler des interdictions. On l'utilise à la 2e personne du singulier à la forme affirmative (ordres) et négative (interdictions).

	2e pers. sing.
FA ✓	**BV + !** (ex. : **Pay attention !** → Fais attention !)
FN ✗	**Don't (do not) + BV + !** (ex. : **Don't wear my spectacles!** → *Ne porte pas mes lunettes !*)

4 **Transforme les interdictions en ordres pour les phrases 1 et 2 et fais le contraire pour les phrases 3 et 4.** • •

1. Don't forget your lunchbox! ➜ ....

2. Don't abuse that man! ➜ ....

3. Go to the canteen! ➜ ....

4. Call the physician! ➜ ....

5 **Remets les éléments dans l'ordre, puis reformule ces phrases en remplaçant must par un impératif.** • •

1. clothes / buy / mustn't / online / you

➜ ....

2. your / must / eyesight / check / you

➜ ....

La capacité

Can et **be able to** permettent d'exprimer la capacité et l'incapacité. **Can** ne s'utilise qu'au présent; pour exprimer la capacité / l'incapacité au passé, au futur et au conditionnel, il faudra utiliser la structure **be able to**.

NB : Au présent, au passé et au conditionnel, il existe une petite différence de sens entre les deux : **can** indique une capacité permanente, tandis que **be able to** correspond davantage à une capacité ponctuelle (dans une situation particulière).

Capacité / Incapacité au présent

On peut utiliser **can** ou **be able to**. **Can** se conjugue de la même manière à toutes les personnes.

can [kan]	**be able** ['èïb[eu]l] **to**
FA : sujet + **can** + BV (ex. : **I can speak Russian** ➜ *Je parle russe*). **FI** : **can** + sujet + base verbale + ? (ex. : **Can she speak Russian?** ➜ *Parle-t-elle russe ?*). **FN** : sujet + **cannot** (**can't** [kãt]) + BV (ex. : **They can't speak Russian** ➜ *Ils ne parlent pas russe*).	**To be able to** : il suffit de conjuguer **to be**, le reste ne change pas (ex. : **She's able to write her essay by herself** ➜ *Elle est capable de rédiger sa dissertation toute seule*; **We're not able to bake** ➜ *Nous ne sommes pas capables de faire de la pâtisserie*).

Capacité / Incapacité aux autres temps

(in)capacité au passé	On l'exprime en utilisant : • **could** (le prétérit de **can**), qui fonctionne exactement comme **can** pour sa formation (ex. : **I could play the trumpet when I was a child** → *Je pouvais jouer de la trompette quand j'étais enfant*; **She couldn't swim when she was 5** → *Elle ne savait pas nager quand elle avait 5 ans*; **Could you cook pasta well when you were a cook?** → *Saviez-vous bien cuisiner les pâtes quand vous étiez cuisinier ?*). • **be able to** au prétérit (il suffit de conjuguer **to be** au prétérit, le reste ne bouge pas. Ex. : **I wasn't able to help him** → *Je n'ai pas pu l'aider* ; **We were able to buy this car** → *Nous avons pu acheter cette voiture*; **Was he able to write his essay?** → *A-t-il pu écrire sa dissertation ?*).
(in)capacité au futur	Au futur, on ne peut employer que **be able to**. Il se conjugue avec **will**. **FA** : sujet + **will be able to** + BV (ex. : **I will be able to cook for you** → *Je pourrai cuisiner pour toi*). **FI** : **will** + sujet + **be able to** + ? (ex. : **Will she be able to arrive on time?** → *Est-ce qu'elle pourra arriver à l'heure ?*). **FN** : sujet + **will not (won't) be able to** + BV (ex. : **We won't be able to come to your party** → *Nous ne pourrons pas venir à ta fête*).
(in)capacité au conditionnel	Dans le cadre d'une hypothèse, on utilise **could** (même formation que pour le prétérit, voir ci-dessus) et **be able to** au conditionnel, c'est-à-dire **would be able to** (même fonctionnement que **will be able to**, voir ci-dessus). **FA** : **They would be able to pass their exams if they worked harder** → *Ils seraient capables de réussir leurs examens s'ils travaillaient plus dur.* **FI** : **Would you be able to help me if I needed it?** → *Serais-tu en mesure de m'aider si j'en avais besoin ?* **FN** : **She wouldn't be able to speak English if she had to** → *Elle ne serait pas capable de parler anglais si elle devait le faire.*

Banque de mots

ambidextrous [ambi'dèkstr^{eu}s], *ambidextre*
both ['b^{eu}ouTH], *les deux*
cello ['tchèl^{eu}ou], *violoncelle*
China ['tchaïn^{eu}], *Chine*
Chinese [tchaï'niz], *chinois*
to drive ['draïv], *conduire*
drunk ['dreunk], *ivre*
fast ['fast], *vite*
fluently ['flou^{eu}ntli], *couramment*
for a long time [f$^{eur\ eu}$ 'long 'taïm], *pendant longtemps*
gymnastics [djim'nastiks], *gymnastique*
to hold one's breath ['H^{eu}ould oueunz 'brèTH], *retenir sa respiration*
to improve [im'prouv], *améliorer*
to pick up ['pik ^{eu}p], *aller chercher / récupérer*
to sing in tune ['sing in 'tioun], *chanter juste*
to swim ['souim], *nager*
swimsuit ['souimsout], *maillot de bain*
to take classes ['tèïk 'klâsiz], *prendre des cours*

6 **Remets les lettres dans l'ordre pour former des mots pertinents, puis attribue-les à l'illustration qui leur correspond.**

c. KRUND e. SIBADETROMUX f. INECHES a. SMIW

c. _____ e. _______________ f. ________ a. ____

6.

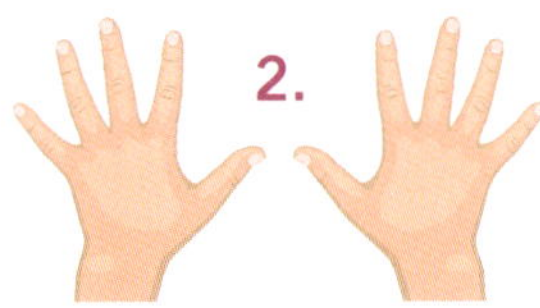

2.

4.

5.

7.

1.

3.

g. ELOCL d. TSYSAMCNIG b. TWISUSIM

g. _____ d. ___________ b. _________

7 Place les reformulations suivantes à côté des verbes fournis :

to make better — to exercise regularly — to sing well — to stop one's breath — to take someone into your car — to learn something with a teacher

1. to hold one's breath → ....
2. to improve → ....
3. to take classes → ....
4. to pick up → ....
5. to practice → ....
6. to sing in tune → ....

8 Relie chaque début de phrase à la suite qui lui correspond.

1. My father could •
2. My grandmother •
3. Tomorrow is not a school day. I will •
4. He's not able •
5. We would be able to •
6. I can •
7. My husband was •

- • a. pick you up at the airport if we left work at 5 p.m.
- • b. to drive right now because he's drunk!
- • c. able to drive the children to school yesterday because he didn't work.
- • d. hold my breath for one minute!
- • e. be able to go to the game tonight.
- • f. write with both hands. He was ambidextrous.
- • g. could not drive a car.

9 Adapte la conjugaison des verbes rendue nécessaire par l'ajout de l'information entre parenthèses.

1. I can mow the lawn for you (tomorrow)

→ ....

2. My neighbour can run marathons (when she was younger)

→ ....

3. You can improve your English (if you took classes)

→ ....

10 **Forme des phrases exprimant la capacité en suivant les indications du tableau, puis propose une traduction, comme dans les exemples 8 et 11 déjà complétés.**

	yesterday	today	tomorrow	… if…
Rick	1. swim faster	4. go to Mark's party	7. pay attention	10. speak Chinese / went to China more often
Karim & Fiona	2. work full time	5. play the cello	8. see their cousins	11. not to hold one's breath for long / be under water
Sylvia	3. eat at the canteen	6. change her spectacles	9. practice gymnastics more	12. drive / not be drunk

1. ……………………………………………………………………………………………

2. ……………………………………………………………………………………………

3. ……………………………………………………………………………………………

4. ……………………………………………………………………………………………

5. ……………………………………………………………………………………………

6. ……………………………………………………………………………………………

7. ……………………………………………………………………………………………

8. Karim and Fiona will be able to see their cousins tomorrow. *Karim et Fiona pourront voir leurs cousins demain.*

9. ……………………………………………………………………………………………

10. ……………………………………………………………………………………………

11. Karim and Fiona could not hold (*ou* would not be able to hold) their breath for long if they were under water. *Karim et Fiona ne pourraient pas retenir leur respiration pendant longtemps s'ils étaient sous l'eau.*

12. ……………………………………………………………………………………………

11 Complète les phrases avec les bonnes structures en fonction du contexte (capacité permanente ou ponctuelle ?).

1. **am not able to / can't** → I .... sing in tune / I .... sing in tune today, I've got a sore throat.

2. **could / was able to** → My father .... help me because he was free that day. / My father .... help me when I was young because he was a math teacher.

3. **could / would be able to** → You .... be a better swimmer if you praticed more. You .... swim if you had not forgotten you swimsuit!

La permission

On l'exprime avec l'auxiliaire **may** (qui se conjugue de la même façon à toutes les personnes) et/ou la structure **be allowed to**.

May s'utilise pour une autorisation au présent :

- **FA** : sujet + **may** + **BV** (ex. : **She may invite a friend** → *Elle peut inviter un ami*)
- **FI** : **may** + sujet + **BV**? (ex. : **May I invite a friend?** → *Puis-je inviter un ami ?*)
- **FN**: sujet + **may not** + **BV** (ex. : **They may not invite a friend** → *Ils ne peuvent pas inviter un ami*)

Remarque : **can** s'utilise aussi parfois dans ce contexte (moins soutenu).

Be allowed to s'utilise pour exprimer la permission au présent, au prétérit et au futur (pour ces deux derniers, c'est obligatoire). Dans tous les cas, il suffit de conjuguer **to be** au temps et à la personne voulus, **allowed to** ne change pas (ex. : **She's allowed to tell you about it** → *Elle a l'autorisation de t'en parler* ; **Were they allowed to tell you about it?** → *Ont-ils eu l'autorisation de t'en parler ?* ; **I will not be allowed to tell you** → *Je n'aurai pas l'autorisation de t'en parler*).

Quelle est la différence entre **may** et **be allowed to** au présent ? **Be allowed to** émane plus d'un règlement que d'une personne.

12 Complète les espaces par be allowed to ou may à la forme qui convient.

1. .... students .... use their phones in this university?
2. People .... not .... smoke in hospitals.
3. No Ian, you .... not hang about with my friends today.
4. Mum, ... I .... have another piece of cake?
5. Will she .... talk to the director?
6. This journalist wasn't .... interview the President.

13 Passe les phrases suivantes à la forme négative future (a), puis interrogative passée (b).

1. Paula may borrow my textbook.

   a ....

   b .... ?

2. My son may watch a film.

   a ....

   b .... ?

Les faux amis 2/2

Rappel : ce sont des mots qui ressemblent à certains mots français mais qui n'ont pas le même sens !

Banque de mots

to achieve [^{eu}'tchiv], *réussir, atteindre*
actually ['aktchou^{eu}li], *en fait*
coin ['koïn], *pièce*
to deliver [di'liv^{eur}], *livrer*
disease [di'siz], *maladie*
engaged [in'gèïdjd], *fiancé*
evidence ['èvid^{eu}ns] (indén.), *preuves*
flu ['flou], *grippe*
friendship ['frèndchip], *amitié*
to hide ['Haïd] **hid, hidden,** *(se) cacher*
to injure [in'dj^{eur}], *blesser*
(to go on a) journey ['djeuni], *(partir en) voyage*
parcel ['pars^{eu}l], *colis*
pain ['pèïn], *douleur*
to pay with ['pèï ouiDH], *payer par/en*
to prevent [pri'vènt], *empêcher*
to recover [ri'keuv^{eur}], *se remettre*
relieved [ri'livd], *soulagé*
route ['rout], *itinéraire*
rude ['roud], *grossier*

Les modaux et l'éventualité

Les modaux permettent aussi d'exprimer une **éventualité** avec des degrés de probabilité variés. La construction de la structure contenant le modal ne varie pas, seul le sens change. C'est le contexte qui permet de savoir que l'on est dans le cadre d'une éventualité.

	Might	May	Must
Probabilité de validité	10 % de chances (*il se pourrait que…*).	50 % (*il se peut que…*).	80 à 90 % (*ça doit…*). Ne s'utilise qu'à la forme affirmative dans ce sens.

14 Entoure le modal qui convient le mieux.

1. This man has got a castle and a Ferrari, he might / may / must be rich.
2. It's really late but you might / must / may not miss your train if you run.
3. I might / may / must come to your party. I'm not sure.

15 Récapitulatif sur la fonction des modaux : classe les phrases suivantes dans le tableau selon la fonction que remplit leur modal.

Capacité		Possibilité de 50 %		Interdiction	
Autorisation		Obligation		Absence d'obligation	
Incapacité		Probabilité de 90 %		Probabilité de 10 %	

1. You must deliver this parcel before 10 o'clock.
2. The doctors were not able to relieve the patient's pain.
3. You mustn't be rude!
4. The police may have evidence of the crime.
5. Vitamin C can prevent the flu.
6. She has a diamond ring on her finger. She must be engaged.
7. Mum, may I go on a journey with my friends?
8. You may insert coins in this machine.
9. You don't have to take that route.
10. He might recover from that disease.
11. Did you have to rent a car?
12. You could achieve a lot if you tried harder.

16 Traduis en anglais (modaux et suggestion).

1. Ne prends pas cet itinéraire !

→ ....

2. Sa petite amie n'a pas été blessée. Il doit être soulagé.

→ ....

3. Tu n'as pas à cacher ta douleur.

→ ....

4. Je n'ai pas eu l'autorisation de payer en pièces.

→ ....

5. Tu ne dois pas empêcher leur amitié. Et si on les invitait ?

→ ....

6. Je ne pourrai pas vous donner de preuves.

→ ....

7. Tu pourrais livrer ce colis si tu avais une voiture.

→ ....

8. Il se pourrait que je parte en voyage, en fait. Pourquoi ne viendrais-tu pas avec moi ?

→ ....

Construction verbale *to* + BV

On trouve la construction verbale **to + BV** dans les contextes où l'on indique un objectif ou un but :

- après les verbes comme **to want**, **to tell**, **to promise**, **to wish** (*souhaiter*), **would like**
- dans les **subordonnées complétives de but** (ex. : **She went to the supermarket to buy some bread** → *Elle est allée au supermarché pour acheter du pain*). Pour interroger sur le but visé d'une action, on utilise **what for?** (ex. : **What did you get early for?** → *Pourquoi tu t'es levé si tôt?*)
- dans les **propositions subordonnées infinitives**, qui s'utilisent pour dire que quelqu'un veut que quelqu'un d'autre fasse quelque chose, après les verbes de volonté, d'ordre, d'interdiction comme **to want**, **to force**, **to order**, **to forbid**, et après les verbes de suggestion / conseil, comme **to encourage**, **to invite**, **to advise** (*conseiller*), **to tell**, **to beg** (*supplier*), **to expect** (*s'attendre à ce que*). Ex. : **I want / expect you to help me** → *Je veux que / je m'attends à ce que tu m'aides.*

Banque de mots

to advise [eu'dvaïz], *conseiller*
to beg ['bèg], *supplier*
boss ['bos], *patron, chef*
co-worker [keuou 'oueukeur], *collègue*
to expect [ik'spèkt], *s'attendre à*
health ['HèlTH], *santé*
to make friends ['mèik 'frènz], *se faire des amis*
to note down ['neuout da-oun], *noter*
pen ['pèn], *stylo*
sneakers ['snikeuz], *baskets*

17 Pose la question portant sur la première phrase. Puis forme une seule phrase contenant une subordonnée complétive de but à partir de ces deux phrases, comme dans l'exemple.

Ex. : She's calling Tim. She'd like to congratulate him.
Question portant sur le but (Q) → What is she calling him for?
Proposition subordonnée infinitive (PSI) → She's calling Tim to congratulate him.

1. She's going to buy a few apples. She wants to make a pie.

Q → ....?

PSI → ....

2. He's taken a pen. He needs to note down your phone number.

Q → ....?

PSI → ....

3. We took classes. We wanted to speak English better.

Q → ....?

PSI → ....

4. You should stop smoking. You want to be in better health.

Q → ....?

PSI → ....

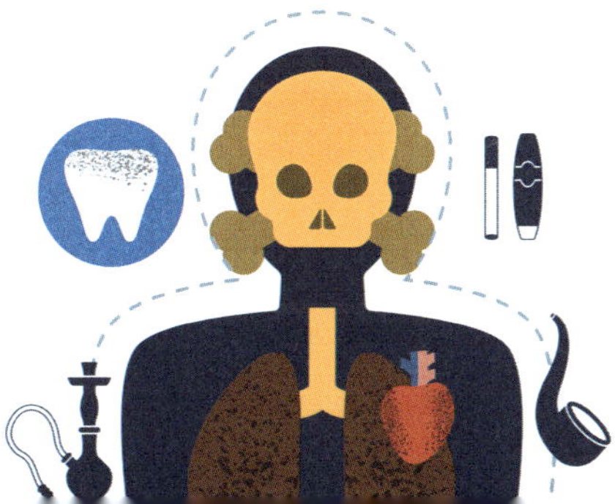

18 **Forme des propositions subordonnées infinitives à partir des éléments suivants, puis propose une traduction.**

Ex. : Fiona's boyfriend / beg *(au présent -ing)* / her / forgive him ➜ **Fiona's boyfriend is begging her to forgive him.** Traduction : *Le petit ami de Fiona la prie de le pardonner.*

1. My boss / order (*au present perfect*) / my co-worker / call this client

➜ ....

2. Keith's parents / forbid (*au conditionnel*) / him / buy expensive sneakers

➜ ....

3. Parents / encourage (*avec must*) / their children / make friends

➜ ....

4. I / not expect (*au prétérit*) / her / be so kind

➜ ....

5. His doctor / advise (*au futur*) / him / eat fewer chips

➜ ....

Le gérondif

Le gérondif est un nom verbal que l'on obtient en ajoutant **-ing** à la BV. On l'emploie souvent pour traduire « *le fait de* » faire quelque chose ou un infinitif en français (ex. : **Smoking is dangerous** ➜ *Le tabagisme / Le fait de fumer / Fumer est dangereux*). Un gérondif peut avoir fonction de sujet ou de complément (ex : **Running is good** ➜ *Courir / Le fait de courir fait du bien*), ou de complément (ex. : **I love running** ➜ *J'adore courir*). Comme tu peux le remarquer, si le verbe se termine par voyelle + consonne, on double la consonne finale (ex. : **run** ➜ **running**; **swim** ➜ **swimming**).

On l'utilise après :

- les verbes exprimant les goûts ou une appréciation (**to like**, *bien aimer*; **to hate**, *détester* ; **to enjoy**, *aimer* ; **to adore**, *adorer*; etc.) ;
- les verbes de commencement ou de fin (**to stop**, *arrêter de*; **to begin**, *commencer à* ; **to start**, *commencer à* ; **to finish**, *finir de*; **to go on**, *continuer à*; **to keep on**, *continuer à*) ;
- les prépositions comme **before**, *avant*, **after**, *après*, et **without**, *sans*;
- les expressions **I can't stand** ➜ *Je ne supporte pas*, **I don't mind** ➜ *Cela m'est égal*;
- le verbe **to remember**, *se souvenir*, pour parler d'une chose que l'on se souvient d'avoir faite dans le passé.

Banque de mots

to hike ['Haïk], *faire de la randonnée*
to lock the door ['lok DH^{eu} dô^{r}], *fermer la porte à clé*
to lose weight ['louz 'ouèït], *perdre du poids*
to travel ['trav^{eu}l], *voyager*

19 **Remets les lettres dans l'ordre pour former un gérondif (tu connais déjà les verbes utilisés, ils sont donnés en indice à l'envers* si tu avais besoin d'un coup de pouce...).**

1. I remember **NADIGER** .... that book last year.
2. Donna is very optimistic. She keeps **GLISNIM** ....
3. **GLYNI** .... to your parents is not a good idea. You'd better tell them the truth.
4. I'm not in a hurry. I don't mind .... **ITAGNIW**.
5. Henry is not a selfish boy. He loves **HARGNIS** .... his toys!
6. I hate **SPOGNIPH** .... during the sales, it's overcrowded.

**To shop, to smile, to lie, to wait, to share, to read*

20 **Complète les espaces par une structure verbale to + BV ou au gérondif.**

1. You should always wash your hands before .... (*eat*).
2. We are running a lot .... (*lose*) weight.
3. Do you remember .... (*lock*) the door?
4. You can't make an omelet without .... (*break*) eggs.
5. He didn't promise .... (*help*) us.
6. My parents have always enjoyed .... (*travel*).
7. May I invite you .... (*contact*) our customer service?
8. John expected Annie .... (*marry*) him but she said "no".

21 Pose la question portant sur les parties soulignées.

1. Tina wants her husband to go to the supermarket.

→ ....

2. I need to go to bed early to feel good tomorrow morning.

→ ....

3. I'd like to save money to buy a car.

→ ....

4. I can't stand waiting for the bus.

→ ....

22 Comment traduirais-tu ces phrases ?

1. Le professeur nous a dit d'apprendre les verbes irréguliers.

→ ....

2. Oliver adore la randonnée. Il vient de m'inviter à venir avec lui.

→ ....

3. Ma sœur déteste boire du thé après avoir mangé.

→ ....

Banque de mots

chili ['tchili], *piment*
exhausted [ig'zôstid], *épuisé*
to be hard ['Hâd] **on someone,** *être difficile pour quelqu'un (à supporter)*
Indian ['indi^{eu}n], *indien*
to be in love with [in 'leuv ouiDH], *être amoureux de*
to be mad ['mad] **at,** *être en colère contre*
oyster ['oïst^{eur}], *huître*
pepper ['pèp^{eur}], *poivre*
to shout at ['cha-out ^{eu}t], *crier (sur quelqu'un)*
spice ['spaïs], *épice*

23 Trouve les lettres manquantes dans ces petites définitions.

1. O _ _te_s are s _ _ food.
2. _ _ pper and chi _ _ are sp _ _ es.

24 Relie chaque conséquence à sa cause éventuelle.

1. You may cry •	• a. when you're in love with them.
2. You shout at someone •	• b. when you're exhausted.
3. You should try to get some sleep •	• c. when something is hard on you.
4. You want someone to be happy •	• d. when you're angry at them*.

* Comme tu peux le remarquer, le pronom personnel complément qui sert à reprendre **someone** est **them** !

La subordonnée complétive d'objet

La subordonnée complétive d'objet complète le verbe de la proposition principale. Elle est introduite par la conjonction **that**, qui s'utilise pour traduire **que** après les verbes de sentiment (**to feel**, *sentir* ; **to hope**, *espérer*), de pensée (**to know**, *savoir* ; **to think**, *penser* ; **to believe**, *croire*), d'opinion (**to suppose**, *supposer*). Nous verrons aussi, dans la dernière unité, qu'on l'utilise pour rapporter des paroles. Cependant, la plupart du temps (en particulier à l'oral), il est plus naturel de ne pas le mettre (ex. : **I think / believe / hope (that) you are right** → *je pense / crois / j'espère que tu as raison*).

25 Récapitulatif sur les subordonnés : complète les espaces par to, because, that, if, ou as soon as.

1. They will buy a house .... they are married.
2. We haven't called her .... we don't have her number.
3. Julia announced .... she was going to have a baby.
4. I would go to work by car .... it didn't snow.
5. The students went to Oxford for a year .... improve their English.

26 Construis des phrases à partir des éléments fournis, comme dans l'exemple (attention au temps des verbes).

Ex. : What has he believed? We / can *au futur* / forgive her → He has believed (that) we will be able to forgive her.

1. What would she feel? They / had better / tell the truth

→ ....

2. What does he hope? You / not to be *au futur* / mad at him

→ ....

3. What may we know? Most people / not to like *au prétérit* / our oysters.

→ ....

4. What have they supposed? We / not can *au futur* / buy a house.

→ ....

27 Comment traduirais-tu les phrases suivantes ?

1. J'irai chez le coiffeur dès que j'aurai du temps.

→ ....

2. Anna ne serait pas amoureuse de Karim s'il n'était pas aussi gentil.

→ ....

3. J'espère que tu pourras dormir un peu.

→ ....

4. Mon frère a toujours apprécié la nourriture indienne car il adore les épices.

→ ....

Bravo, tu es venu à bout de la quatrième unité ! Il est maintenant temps de compter les icônes et de reporter le résultat en page 128 pour l'évaluation finale.

Unité 5
Complexification et élargissement des connaissances

Exprimer la similitude

Similitude positive (« moi aussi »)
On l'exprime avec la structure **so + auxiliaire / modal de la phrase affirmative + sujet** (ex. : **My sister likes reggae, so do I** ➜ *Ma sœur aime le reggae, moi aussi*; **Your neighbour is English, so are you** ➜ *Ton voisin est anglais, toi aussi*). L'utilisation de **sujet + too** est fréquent, on l'utilise particulièrement en réponse à un souhait quand on ne répond que par un pronom personnel (ex. : **Have a good day! – You too!** ➜ *Passe une bonne journée! – Toi aussi!*).

La similitude positive peut également s'exprimer à l'aide d'une phrase contenant les adverbes **also**, **too** et **as well**, qui signifient *aussi*, *également*. **Also** est soutenu, il s'utilise surtout à l'écrit et on le traduirait plutôt par *de plus*. On l'utilise en tête de phrase pour ajouter une information (ex. : **We need to talk about Mark. Also I wanted to ask you something about your sister** ➜ *Il faut qu'on parle de Mark. De plus, je voulais te demander quelque chose au sujet de ta sœur*) ou juste après le sujet (ex. : **I love cats. I also love dogs** ➜ *J'adore les chats. J'adore aussi les chiens*). **As well** et **too** sont plus utilisés à l'oral et ils se placent en fin de phrase (ex. : **She plays soccer and she's keen on basketball as well** ➜ *Elle joue au foot et elle est aussi passionnée de basket*; **He has always liked Mark. We like him too** ➜ *Il a toujours bien aimé Mark. Nous aussi*).

Similitude négative (« moi non plus »)
On l'exprime avec la structure **neither + auxiliaire / modal de la phrase affirmative + sujet** (ex. : **My sister did not like reggae, neither did I** ➜ *Ma sœur n'aimait pas le reggae, et moi non plus*; **Your neighbour isn't English, neither are you** ➜ *Ton voisin n'est pas anglais, et toi non plus*).
L'utilisation de **sujet + neither** est possible (ex. : **You don't like tea, me neither** ➜ *Tu n'aimes pas le thé, et moi non plus*).

Banque de mots

to betray [bi'trèï], *trahir*
guestroom ['gèstroum], *chambre d'amis*
to own ['euoun], *posséder*
shop assistant ['chop eusisteunt], *vendeur*
to steal ['stil], *voler*
to store ['stôr], *stocker*
to tidy ['taïdi], *ranger*

1 Entoure le bon terme.

1. You shouldn't eat so much. *Also*, *neither*, *too* should I.
2. Laura has always been bright and she's a beautiful girl *neither*, *too*, *also*.
3. Our guests didn't like my cake. *Too*, *as well*, *neither* did you.
4. I'm not going to the party. You're not *also*, *either*, *as well*.
5. I speak Chinese and Japanese *neither*, *too*, *also*.
6. Erik is from Cork. My husband *also*, *as well*, *neither*.

2 Complète les espaces par as well ou also.

1. I'll have some chips and some nuggets ………… .
2. They are going to marry. …………, they want to buy a house.
3. I visited the South of Italy ………… .
4. Ian would like a tablet for Christmas. He would ………… like a scooter.

3 Utilise une similitude positive (avec so) ou négative (avec neither) pour éviter la répétition.

1. I worked as a shop assistant. You worked as a shop assistant.

→ ……………………………………………………………………………

2. They don't work full-time. She doesn't work full-time.

→ ……………………………………………………………………………

3. Tim has been to Scotland. I have been to Scotland.

→ ……………………………………………………………………………

4. We would never betray a friend. He would never betray a friend.

→ ……………………………………………………………………………

4 Entoure la bonne définition

1. To betray a friend	a. to work with him	b. to call him	c. not to help him when he needs it
2. A guestroom is	a. a bedroom for friends or family	b. a place where you store things	c. a place where you eat.
3. Someone bright is...	a. very old	b. very intelligent	c. very relaxed
4. A shop assistant	a. helps people chose what to buy	b. owns a shop	c. cleans shops
5. If you own a car	a. you rent a car	b. you have got a car	c. you steal a car
6. To store things means	a. to sell them	b. to tidy	c. to keep them in one place

La forme passive

Formation

Forme active :	**The Greeks** SUJET	**invented** VERBE (prétérit)	**many things.** COD
Forme passive :	**Many things** SUJET	**were invented** **be** au temps de la phrase active + participe passé du verbe	**by the Greeks.** Complément d'agent introduit par **by**

Comme en français, le passif s'emploie pour insister sur l'action ou sur la personne qui la subit et non sur la personne qui la commet. Le complément d'agent est mentionné si cette information est connue et/ou importante. Parfois l'agent est inconnu ou il n'est pas important. Ainsi, on utilisera le passif pour exprimer les tournures commençant par « on » (ex. : **My phone was stolen yesterday** ➜ *Mon téléphone a été volé hier*, ou *On a volé mon téléphone hier*; **A graffiti is going to be made on the wall** ➜ *On va faire un graffiti sur le mur*, ou *Un graffiti va être fait sur le mur*).

Certains verbes comme **to give**, *donner*, **to tell**, *dire*, **to offer**, *offrir*, **to bring**, *apporter*, ont deux constructions.

forme active	forme passive
1. They gave a watch to me *(ils m'ont offert une montre)*	**1.** A watch was given to me.
2. They gave me a watch.	**2.** I was given a watch.

Banque de mots

bunch ['beuntch], *bouquet*
to congratulate [k^{eu}n'gratchoulèït], *féliciter*
regularly ['règi^{eu}l^{eu}li], *régulièrement*
to send to prison ['sènd t^{eu} 'pris^{eu}n], *envoyer en prison*
team ['tim], *équipe*
to train ['trèïn], *entraîner*

5 Les mots de vocabulaire en gras ont été placés dans la mauvaise phrase, remets-les à l'endroit qui convient.

1. The murderer was **congratulated** to prison in 2003.

→ ....

2. My friend's promotion is being **trained**.

→ ....

3. Pupils should be **sent** regularly by their teachers.

→ ....

4. This tennis player has been **celebrated** by my father.

→ ....

6 Mets les phrases passives suivantes à la forme active.

1. *Pride and Prejudice* was written by Jane Austen in 1796.

→ ....

2. I have been told lies by my boyfriend.

→ ....

3. The kitchen will be repainted by a friend.

→ ....

4. My car can be repaired by my father.

→ ....

7 Mets les phrases suivantes au temps demandé entre parenthèses.

1. My birthday was celebrated (conditionnel).

→ ....

2. This hotel is being opened (present perfect).

→ ....

3. My brother was congratulated by his boss (futur).

→ ....

8 Mets les phrases suivantes au passif en ne précisant l'agent que lorsqu'il t'apparaît nécessaire de le faire.

1. The new coach would train the team.

→ ....

2. He has offered her a ring.

→ ....

3. Our cousins may invite us.

→ ....

4. Someone is bringing my sister a bunch of flowers.

→ ....

9 Comment dirais-tu les phrases suivantes en anglais (passif et similitude).

1. Le tueur va être arrêté par la police. Il sera probablement envoyé en prison.

→ ....

2. On m'a dit que tu n'étais pas marié. Moi non plus.

→ ....

3. Ton 100e anniversaire doit être fêté !

→ ....

4. L'équipe devrait être entraînée plus régulièrement. Toi aussi !

→ ....

Les question tags

Ce sont de petits énoncés interrogatifs brefs, utilisés en fin de phrase. Ils servent à demander confirmation de ce que l'on dit à son interlocuteur. Ils signifient donc *hein, non, si, n'est-ce pas?* On les forme à partir de **l'auxiliaire et du temps de la phrase** qu'ils terminent (**do** si la phrase est au présent simple et **did** si elle est au prétérit). Si cette phrase est affirmative, le tag sera négatif, et si la phrase est négative ou contient l'adverbe **never**, le tag sera affirmatif (ex. : **She has called you, hasn't she?** ➜ *Elle t'a appelé, n'est-ce pas ?* ; **You didn't sleep well, did you?** ➜ *Tu n'as pas bien dormi, hein ?* ; **She's your cousin, isn't she?** ➜ *C'est ta cousine, non ?* ; **We should never lie, should we?** ➜ *On ne devrait jamais mentir, si ?*).

Remarque : Il peut arriver que l'on garde la même polarité (affirmative ou négative) dans le tag que dans la phrase, pour signaler son étonnement (cela correspond au français *Vraiment ?* ou *Ah bon ?* Ex. **You're eating fruit, are you? I thought you hated it?!**).

10 Entoure le bon tag.

1. You father was a bricklayer,	a. did he?	b. wasn't he?	c. didn't he?
2. We haven't been to South Africa,	a. did we?	b. do we?	c. have we?
3. She won't be able to work late,	a. will she?	b. does she?	c. she will?
4. Tom doesn't smoke,	a. has he?	b. he doesn't?	c. does he?
5. I can't believe you! Really? Emma is going to marry him,	a. will she?	b. is she?	c. hasn't she?
6. They didn't go to the concert,	a. do they?	b. did they?	c. haven't they?
7. You couldn't speak Russian,	a. couldn't you?	b. could you?	c. did you?
8. Their house will be sold,	a. won't it?	b. didn't it?	c. is it?

11 Corrige les éventuelles erreurs de tag.

1. They haven't been allowed to call, are they? ....

2. Wow! Rachel went for a run, did she? ....

3. Your wife never complains, does she? ....

4. Anna would be more relaxed if she worked less, wouldn't she? ....
....

5. She's singing in the shower again, doesn't she? ....

6. My husband is not a good cook, is he? ....

12 Trouve le tag qui correspond à chacune de ces phrases.

1. We don't have to open the door, ... ?

2. He should be nicer to her, ... ?

3. They will get married in May, ... ?

4. Your sister is 20 years old, ... ?
I'm very surprised!

5. Our cat was able to count, ... ?

6. Your car has been stolen, ... ?

13 À partir des éléments suivants, forme un ensemble phrase + question tag (comme dans les exemples fournis).

Ex. : Lorie – be a teacher / prétérit (*demande de confirmation*)
Lorie was a teacher, wasn't she?
Lorie – can run marathons / prétérit (*étonnement*)
Lorie could run marathons, could she?

1. Mark – can play the piano / futur (*demande de confirmation*)

→ ....

2. Henry – be engaged / present perfect (*étonnement*)

→ ....

Les propositions subordonnées relatives

La proposition subordonnée relative est introduite par un pronom relatif qui remplace un nom. Le pronom relatif sert à relier deux phrases simples en évitant une répétition, et aussi à apporter des précisions sur le nom qu'il remplace. Le choix du pronom relatif dépendra de la nature et de la fonction du nom qu'il remplace. Voici un tableau récapitulatif :

Nature du nom	Fonction du nom				
	Sujet	COD	Complément du nom	Complément de temps	Complément de lieu
Animé	**Who** (ex. : **The man who has just called is my neighbour**)	**Who / that**, ou **Ø** (plus naturel). Ex. : **The girl that / Ø he loves is Irish**	**Whose** + nom sans article (sert à traduire *dont*). Ex. : **This is the boy whose phone has been stolen**	**When** (ex. : **The Middle Ages were a time when many cathedrals were built**)	**Where** (ex. : **This is the street where I live**)
Inanimé	**Which / that** (ex. : **The dog which is barking is a Beagle**)	**Which / that**, ou **Ø** (plus naturel). Ex. : **I need the book which is on the table**			

Banque de mots

buried ['bèrid], *enterré*
civil servant ['siv^{eu}l seuv^{eu}nt], *fonctionnaire*
device [di'vaïs], *appareil, dispositif*
fattening ['fat^{eu}ning], *qui fait grossir*
graveyard ['grèïviâd], *cimetière*
mall ['môl], *centre commercial*
novelist ['neuv^{eu}list], *romancier*
on offer ['of^{eur}], *en solde*
place ['plèïs], *endroit*
rainy days ['rèïni dèïz], *jours de pluie*

second-hand ['sèk^{eu}nd Hand], *d'occasion*
skiing instructor ['skiing instreukt^{eur}], *moniteur de ski*
walking stick ['ouôking stik], *canne (pour marcher)*

14 Trouve les lettres manquantes dans ces définitions.

1. A s _ _ ing inst _ _ ctor is a man **who** teaches people how to ski.
2. A _ _ ll is a place **where** people go shopping.
3. Fa _ _ ening food is food **whose** disadvantage is to make people put on weight.
4. A _ _ velist is an author **who** writes novels.
5. Rai _ _ _ _ ys are days **when** it rains.
6. A _ _ cond-h _ _ d car is a car **which** is not new.
7. A ci _ _ _ serv _ _ _ is someone **whose** function is to work for the government.
8. A _ _ lking stick is a device **that** helps people walk.
9. A grave _ _ _ _ is a place **where** dead people are buried.

15 Entoure le ou les pronom(s) relatif(s) qui convien(nen)t.

1. The walking-stick *which* – *that* – *Ø* is over there is my grandma's.
2. My neighbour, *whose* – *which* – *who* wife is a novelist, is a skiing instructor.
3. The civil servant *who* – *that* – *Ø* helped you is my brother.
4. The weekend is the time *where* – *when* – *that* people usually go to the mall.

16 Relie ces phrases en utilisant un pronom relatif.

1. I live in the South of Ireland. I met my husband there.

→ ....

2. We have bought a laptop. It was on offer.

→ ....

3. She married Olivier. He is the sweetest man we know.

→ ....

4. This man is a famous novelist. His books are read all over the world.

→ ....

17 **Traduis les énoncés suivants (pronoms relatifs et question tags).**

1. Tu as acheté le T-shirt que nous avons vu en promo au centre commercial, non ?

➜ ....

2. Cet homme n'est pas le fonctionnaire qui va acheter la voiture d'occasion demain, si ?

➜ ....

Mots de liaison (ou connecteurs logiques)

Ils servent à lier les idées entre elles au sein d'un ensemble (que ce soit une phrase ou un texte).

L'opposition et le contraste.
On peut les exprimer à l'aide de :

- **unlike + nom ou pronom** (ex. : **Unlike you, I don't like fish** ➜ *Contrairement à toi, je n'aime pas le poisson*) ;
- **whereas**, qui permet d'opposer deux actions (ex. : **Mark has always been quiet whereas his brother is a very boisterous boy** ➜ *Mark a toujours été calme tandis que son frère est un garçon très turbulent*).
- **But, however** et **nevertheless**. **However** signifie *cependant* et s'utilise en début de phrase. **But** signifie *mais* et se place en milieu de phrase, parfois après une virgule. **Nevertheless** contraste deux points de vue. On l'utilise le plus souvent après un point ou un point-virgule (ex. : **I don't like Paul. However, I like his brother** ; **I don't like Paul but I like his brother** ; **I don't like Paul, nevertheless I like his brother**).

Banque de mots

bald ['bôld], *chauve*
handsome ['Hènseu m], *beau*
mark ['mâk], *note (scolaire)*

18 Entoure le connecteur qui convient.

1. You were not born abroad, *unlike – whereas* your sister.
2. I've never liked tea *however – but* I love coffee.
3. Ian has got long hair *whereas – unlike* Zack is bald!
4. Ian has got long hair *whereas – unlike* Zack, who is bald!
5. I can't help you today. *However – Whereas*, I will be able to do it tomorrow.
6. George is not handsome. *Nevertheless – But*, he's a very kind man.

La concession

On peut l'exprimer à l'aide de 4 structures différentes :

- **although** + **proposition verbale** (ex. : **Although she likes meat, she's decided to become a vegetarian** → *Bien qu'elle aime la viande, elle a décidé de devenir végétarienne*) ;
- **even if** + **proposition verbale** (ex. : **Even if she likes meat, she's decided to become a vegetarian**) ;
- **in spite of** + **nom** (ex. : **The baby is sleeping in spite of the noise** → *Le bébé dort en dépit du bruit / malgré le bruit*) ;
- **despite** + **nom** (ex. : **Despite the noise, the baby is sleeping** → *Malgré le bruit / En dépit du bruit, le bébé dort*).

19 Corrige les éventuelles erreurs d'emploi et de structure.

1. I respect Mark, even if we sometimes disagree. ....
2. In spite of it's raining, I'm going for a run. ....
3. They hurried up although they were not late. ....
4. We bought this house, despite of the price. ....
5. Even if the snow, we can take the car. ....
6. She went to work despite the flu. ....

L'ajout, la précision

Pour ajouter une information supplémentaire, on peut utiliser :

- **besides**, qui signifie *par ailleurs, de plus* et s'emploie le plus souvent en début de phrase (ex. : **This pupil should work more. Besides he is boisterous** → *Cet élève devrait travailler plus. De plus, il est turbulent*) ;
- **moreover**, qui signifie *de plus* et s'utilise aussi en début de phrase (ex. : **I hate the swimming pool because I don't like water. Moreover I hate the smell of chlorine** → *Je déteste la piscine car je n'aime pas l'eau. De plus, je déteste l'odeur du chlore*) ;
- **by the way**, qui sert à ajouter une information « en passant » et pas forcément en lien direct avec ce qui précède (c'est l'équivalent de *au fait* en français). Ex. : **Look, it's raining again. Oh, by the way, I left your umbrella in the car** → *Regarde, il pleut encore. Ah, au fait, j'ai oublié ton parapluie dans la voiture*).

La conséquence

On peut l'exprimer avec **so**, que nous avons déjà croisé, **therefore** ou **as a consequence**. **Therefore** et **as a consequence** signifient tous deux *donc, par conséquent*. **Therefore** est soutenu et s'utilise souvent dans des raisonnements logiques (ex. : **I think, therefore I am** → *Je pense donc je suis*). **As a consequence** est plus courant et s'utilise en début de phrase (ex. : **I need to improve my English. As a consequence, I'm going to take classes** → *Je dois améliorer mon anglais. Par conséquent, je vais prendre des cours*).

Le choix et l'alternative

- **Either… or** signifie *ou bien… ou bien* (ex. : **There's either lamb or salmon on the menu** → *Il y a de l'agneau ou du saumon au menu*).
- **Instead of** + **nom** ou **-ing** signifie *à la place de / au lieu de* (ex. : **Help your sister instead of watching TV** → *Aide ta sœur au lieu de regarder la télé*).
- **Whether… or** signifie *si oui ou non / ou pas* (ex. : **I don't remember whether she's got a brother or not** → *Je ne me souviens pas si elle a un frère ou non*).

20 Relie chaque énoncé (1 à 4) à la suite qui lui correspond (a à d).

1. I love being by the sea. •
2. Do your homework. •
3. He hasn't worked hard enough. •
4. I can't help him with his essay. •

• a. instead of hanging about with your friends.
• b. Besides, I don't really like him.
• c. Moreover I love swimming.
• d. As a consequence, he's going to get a bad mark.

21 Les mots de liaison suivants ont été placés dans la mauvaise phrase, remets-les à l'endroit qui convient.

1. Cats are felins and Brownie is a cat. ***By the way*** Brownie is a felin.

→ ....

2. Your pizza is delicious. Oh, ***therefore***, have you bought tomatoes?

→ ....

3. We don't know ***or*** we'll be able to come to your party ***either*** not.

→ ....

4. No John, you can eat ***or*** a cookie ***whether*** a muffin, not both.

→ ....

22 Comment traduirais-tu les phrases suivantes ?

1. Regarde la dame dont le chien aboie !

→ ....

2. Malgré mes lunettes, je ne vois pas bien la voiture qui est là bas.

→ ....

3. Aide-moi au lieu de regarder la télé.

→ ....

4. Contrairement à moi, Anna ne sait pas si Tom est marié ou non.

→ ....

5. Ah, au fait, l'homme que nous avons vu hier est notre nouveau voisin.

→ ....

Le discours indirect

Il s'utilise pour rapporter les paroles de quelqu'un. Pour rapporter ces paroles, on peut utiliser un des verbes suivants : **to tell**, *dire / raconter*, **to say**, *dire*, **to ask**, *demander*, **to answer**, *répondre*, **to explain**, *expliquer*, **to promise**, *promettre*.

Si le verbe d'introduction est au présent, tu garderas le temps du reste de la phrase. En revanche, s'il est au prétérit (ce qui est le cas la plupart du temps), le temps des propos rapporté varie. Attention, comme en français, il faut aussi penser à adapter les pronoms.

Discours direct	Discours indirect
"**I'm 25 years old.**" (présent)	**She said (that) she was 25.** (prétérit) **She says (that) she is 25.** (présent)
"**Are you eating?**" (présent -ing)	**He asked me if I was eating.** (prétérit -ing) **He asks me if I am eating.** (présent -ing)
"**I'll see you later.**" (futur)	**He said (that) he would see me later.** (conditionnel) **He says (that) he will see me later.** (futur)
"**Hurry up!**" (impératif)	**He told me to hurry up.** (infinitif) **He tells me to hurry up.** (infinitif)

23 **Transpose les phrases suivantes du discours direct.**

1. ".."
→ He said that he would buy a tablet online.

2. ".."
→ She says that her sister is selfish.

3. ".."
→ He told me not to worry.

4. ".."
→ She said that she was an architect.

5. ".."
→ He asked me if I was angry.

6. ".."
→ They answered that they were not married.

24 **Mets le verbe introducteur qui convient le mieux (conjugué au prétérit).**

to tell   to ask   to promise   to answer   to explain

1. He .... us that it was sunny in New York today.
2. Lena .... us whether we liked seafood or not.
3. He .... that he was indeed* Irish.
4. Danny .... to us how to make cheesecake.
5. He .... the children to adopt a dog.

* *en effet*

25 **Transpose les phrases suivantes au discours indirect en utilisant les verbes suivants (un par phrase).**

to ask   to say   to explain   to promise   to answer

1. "No, I don't know what to do."

→ He ....

2. "Do you sometimes argue with your wife?"

→ My brother ....

3. "I will be there for you."

→ Tom ....

4. "We don't have enough eggs to make a cake."

→ Mum ....

5. "Regular verbs end with -ed in the preterit tense."

→ The teacher ....

26 **Quel mot correspond à la définition suivante ? Tu as ici toutes les syllabes nécessaires pour reconstituer les mots qui conviennent.**

wed up ke Jo set ding bos gise lo apo sy

1. A story that makes people laugh :

→ ....

2. A ceremony where people get married :

→ ....

3. Someone who is angry or disappointed is :

→ ....

4. If you tell your brother what to do all the time, you're

→ ....

5. If you say "sorry", you

→ ....

Bravo, tu es venu à bout de la cinquième unité ! Il est maintenant temps de compter les icônes et de reporter le résultat en page 128 pour l'évaluation finale.

Prononciation

Prononciation de la lettre a

Elle peut se prononcer de 6 manières :

- [a] devant une consonne simple finale (ex. : **fat** ['fat]) ou devant une double consonne (ex. : **tattoo** [ta'tou]) ;
- [â] devant **r** + consonne (ex. : **smart** ['smât]) ou **l** + consonne si le **l** est muet (ex. : **half** ['hâf], **salmon** ['sâm^{eu}n]) ;
- [èï] devant consonne + **e** (ex. : **cake** ['kèïk]) ;
- [ô] devant **ll** ou un **l** + consonne (ex. : **mall** ['môl], **talk** ['tôk]), si le **l** est muet ;
- [^{eu}] si le **a** est seul en fin de mot (ex. : **vanilla** [v^{eu} 'nil^{eu}]) ;
- [i] dans le groupe **-age** de fin de mot si le mot fait plus d'une syllabe (ex. : **village** ['vilidj], **image** ['imidj]), sinon le **a** se prononce [èï] (ex. : **sage** ['sèïdj]).

I Comment se prononce la lettre a dans les mots suivants ?

1. glass [......] 2. vodka [......] 3. cage [......] 4. hammer [......]

5. calf [......] 6. mat [......] 7. fall [......] 8. plane [......] 9. far [......]

10. damage [......] 11. walk [......] 12. Kate [......] 13. Sofia [......]

14. scar [......] 15. sausage [......]

Prononciation de la lettre i

La lettre *i* se prononce :

- [i] devant une ou plusieurs consonne(s) ;
- [aï] devant consonne + voyelle ou **e** muet, dans les groupes **ie** et **ight** (ex. : **tie** ['taï], **fight** ['faït]) ;
- [**eu**] devant **r** + consonne (ex. : **shirt** ['cheut]) ;
- [**i**] dans certains mots courants à connaître (ex. : **magazine**, autres exemples dans l'exercice), dans certains mots contenant **ie** (ex. : **believe** [bi'liv]).

2 Classe ces mots selon la prononciation de leur lettre **i**.

FIND, PIE, MACHINE, MIND, SIGHT, WHIRL, WINDOW, POLICE, FIERCE, RABBIT, KIND, WINK, LOGIN, BLIND, CIDER, INDUSTRY, WIND, DIRT

[i]	[aï]	[**i**]	[eu]

Prononciation des voyelles finales

Le son d'une voyelle utilisée en fin de mot est généralement long (ex. : **go**, **he**, **hi**, à l'exception de **do** et **to**), sauf si cette lettre est le **a** (elle se prononce alors [^{eu}]. Ex. : **koala** ['k^{eu}ou**â**l^{eu}]).

Le **e** final est généralement silencieux en anglais. Il arrive cependant qu'il se prononce [i] dans les mots d'origine étrangère (en particulier espagnols comme **machete** [m^{eu}'chèti], grecs comme **catastrophe** [k^{eu}'tastr^{eu}fi] ou latins comme **acne** ['akni]) et [èï] pour les mots français (ex. : *CV* se dit **résumé** ['rèz**iou**mèï]).

3 Entoure la bonne prononciation de la voyelle finale.

1. we [i] [^{eu}] [i]
2. cliché (*français*) [èï] [i] [i]
3. pasta [a] [^{eu}] [â]
4. karate (*japonais*) [i] [èï] [i]
5. zero [^{eu} ou] [o] [^{eu}]
6. Penelope (*grec*) [^{eu}] [i] [èï]
7. café (*français*) [^{eu}] [i] [èï]
8. alibi [i] [èï] [aï]
9. radio [^{eu}] [o] [^{eu} ou]
10. coyote (*espagnol*) [i] [i] [èï]
11. recipe (*latin*) [i] [i] [eu]
12. panda [â] [^{eu}] [a]
13. me [i] [i] [^{eu}]
14. guacamole (*espagnol*) [i] [i] [èï]
15. sesame (*grec*) [i] [i] [^{eu}]
16. phobia [a] [èï] [^{eu}]
17. Nike (*grec*) [^{eu}] [i] [èï]
18. soya [^{eu}] [â] [a]

Le h aspiré

Le **h** est presque toujours aspiré mais il existe quelques exceptions à connaître. Il n'est pas aspiré :

- quand il est à l'intérieur d'un mot (ex. : **vehicle**), sauf si le **h** est au début du second mot d'un nom composé (ex. : **bee hive**) ;
- dans les mots interrogatifs en **-wh** comme **why** ou **where** (mais on l'aspire dans **who** et **whose**) ;
- dans le groupe de lettres **gh** de début de mot (ex. : **ghost**) ;
- dans quelques mots commençant par **th** (ex. : **Thames**) ;
- dans quelques rares mots courants à connaître (ex. : **hour**).

4 **En t'aidant des indices (et d'un dictionnaire si besoin), trouve les 13 mots contenant un h dans cette grille, puis classe-les dans le tableau. Les lettres non utilisées des 7 premières lignes dans la grille formeront un message.**

Y	O	U	S	A	Y	E	T	R	B	S	A	N
N	D	W	E	S	D	A	Y	S	H	E	E	R
B	S	B	E	C	L	A	U	S	E	P	E	T
H	E	R	E	S	O	A	F	U	P	N	C	G
R	E	P	P	O	H	S	S	A	R	G	O	U
O	K	H	E	I	E	N	H	G	H	I	N	H
I	T	E	O	H	S	E	L	O	H	Y	E	K
T	H	T	E	N	U	N	I	K	R	E	H	G
G	O	I	E	E	O	R	Z	O	T	H	A	I
U	R	N	M	H	H	U	T	N	O	C	T	M
C	S	Y	N	N	G	S	R	E	E	L	O	H
F	H	F	H	J	I	H	O	P	E	C	E	R
T	S	R	S	H	M	K	T	N	K	S	T	E

h aspiré

h muet

....

....

....

INDICES

héritier : _ _ ir

thym : t _ _ me

ghetto : _ _ _ tto

cornichon : _ _ _ rkin

sauterelle : grass _ _ pper

honnête : _ _ _ est

trou de serrure : key _ _ le

se passer : to _ _ ppen

espoir : _ _ pe

matière scolaire : _ _ _ tory

foyer : _ _ usehold

de Thaïlande : Th _ _

honneur : _ _ _ our

Prononciation des lettres c et g

Voici deux règles à connaître.

1. Quand ils sont suivis par un **e** ou un **i**, le **c** se prononce [s] (ex. : **cinnamon**) et le **g** [dj] (ex. : **large**).
2. Quand ils sont suivis par un **a**, **o**, **u**, le **c** se prononce [k] (ex. : **cup**) et le **g** [g] (ex. : **good**).

Banque de mots

city, *grande ville*
germ, *germe, microbe*
giant, *géant*
circle, *cercle*
ceiling, *plafond*
celery, *céleri*
cellar, *cave*
genius, *génie*
geography, *géographie*
town, *ville moyenne*
underground, *sous le sol*

5 Résous les petites énigmes suivantes pour trouver les mots obéissant à la règle 1.

1. cercle : ....
2. plafond : ....
3. Two different subjects : history and ....
4. Big town : ....
5. Very intelligent person : ....
6. céleri : ....
7. Underground room : ....
8. It can make you sick : ....
9. Very big and tall : ....

6 Trouve dans la grille suivante 6 mots obéissant à la règle 2.

C	G	G	I	R	L	A	N	D	G	E	T
A	O	O	R	E	G	T	W	O	E	X	C
E	P	L	A	T	A	I	E	O	N	S	J
A	T	J	O	T	T	F	B	K	D	F	F
Z	D	B	C	U	E	G	D	H	A	Y	A
N	A	U	H	O	R	U	W	L	D	C	W
G	U	I	T	A	R	S	A	D	F	B	Y
W	T	A	P	G	N	I	A	T	R	U	C

INDICES

Les graphies oo et ea

Les graphies **oo** et **ea** ainsi que le son [**eu**] posent souvent problème. Il n'existe pas vraiment de règles gouvernant leur prononciation. Exerce-toi en faisant les exercices qui suivent.

7 Le groupe de lettres **oo** peut se prononcer de quatre manières différentes, peux-tu classer ces mots courants dans le tableau ?

good blood room book door wood soon floor flood broom

[**ou**]/[ou]	[ô]	[eu]

8 Prononciation du **ea** : 11 mots sont mal classés, lesquels ?

[è]	[i]	[èï]	[i^{eu}]	[**eu**]	[è^{eu}]	autres
death bear health year breakfast weather instead early jealous break pleasant treasure	sweat deaf easy jeans heavy meat please pea repeat dream ocean beach Yeats (*poète*)	great steak	dear fear near	Sean learn pearl	beard pear wear	heart

9 **Complète la grille suivante en t'aidant des indices et des mots donnés en lettres mêlées. Tous les mots contiennent le son [eu] de *duck*.**

ACROSS (horizontalement)

1. On l'utilise pour boire un thé. **GUM**
4. Qui a de la chance. **YKUCL**
5. Permet d'acheter des choses. **ONYEM**
6. Bleu ou vert par exemple. **LUROCO**
7. Époux. **DHUSANB**
8. Synonyme de « *on top of* ». **OVABE**
12. Signifie « rien ». **GNITHON**
13. Ce légume fait pleurer. **NIONO**
14. Produit par les abeilles. **YNOHE**

DOWN (verticalement)

2. Contraire de *beautiful*. **ULYG**
3. Saison ensoleillée. **MUMERS**
6. France ou Allemagne par exemple. **TYNORUC**
9. Coule dans les veines. **DOLOB**
10. En quantité suffisante. **EGHUNO**

Le ch

Le **ch** se prononce presque toujours [tch] (ex. : **cheap**, **chocolate**). Mais il peut aussi arriver qu'il se prononce [sh], *c'est le cas dans les mots d'origine française* (ex. : **moustache**) ou [k], *souvent dans les mots d'origine grecque* (ex. : **echo**).

10 **En t'aidant des indices, trouve les 15 mots contenant un ch dans la grille suivante (attention, certains mots peuvent être à l'envers), puis essaie de deviner quels sont les mots dont le ch se prononce [sh].**

T	H	E	W	E	H	C	A	D	A	E	H	O
H	C	A	M	O	T	S	R	D	S	I	N	W
C	H	I	V	A	L	R	Y	H	I	S	C	H
E	T	U	H	C	A	R	A	P	C	A	C	H
R	E	I	L	E	D	N	A	H	C	M	H	B
C	I	S	P	C	H	A	R	A	C	T	E	R
H	R	O	N	S	D	C	C	O	E	S	M	O
E	U	N	O	I	H	C	H	N	E	I	I	C
F	D	A	H	A	C	H	I	A	R	R	S	H
E	H	C	R	F	R	H	T	E	N	H	T	U
C	R	A	C	H	C	B	E	P	U	C	Q	R
O	D	X	G	A	A	R	C	H	I	V	E	E
E	K	I	M	P	Z	A	T	G	M	O	U	N

Indices visuels

1.

2.

3.

4.

5.

6.

7.

8.

9.

10.

11.
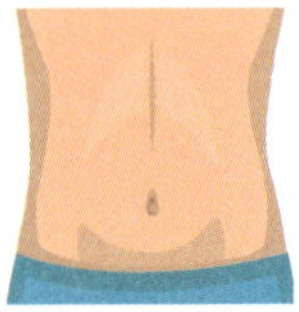

Autres indices

total mess : **12.** _ _ _ os; someone in a book or a film : **13.** _ _ _ racter ; preservation of a historical document : **14.** ar _ _ _ ve ; descriptive document containing advertising : **15.** br _ _ _ ure

Le -ed du prétérit

Il se prononce :

- [t] après les sons [f], [k], [p], [s], [ch], [tch] (le **e** du **-ed** ne se prononce pas) ;
- [d] après les autres consonnes (les sons [b], [DH], [g], [v], [z], [dj], [m], [n], [l], [r], [w]) et toutes les voyelles (le **e** du **-ed** ne se prononce pas) ;
- un son entre le [eud] et le [id] après **t** et **d**.

11 **Entoure la bonne prononciation du -ed. Attention, il y a un petit piège !**

1. boomed [t] [d] [id]/[eud]
2. considered [t] [d] [id]/[eud]
3. comforted [t] [d] [id]/[eud]
4. shocked [t] [d] [id]/[eud]
5. naked [t] [d] [id]/[eud]
6. absorbed [t] [d] [id]/[eud]
7. blushed [t] [d] [id]/[eud]

L'accent de mot

Certaines syllabes de mots sont prononcées plus fortement et/ou longuement que d'autres car elles portent ce qu'on appelle un **accent tonique**. La représentation phonétique de l'accentuation consiste à faire précéder la syllabe accentuée d'une apostrophe (ex : **'pa**rents, **'dri**ving, **'wo**nderful, **'ca**r). Il existe quelques règles d'accentuation que tu peux d'ores et déjà essayer de mettre en pratique :

- Les adjectifs et les noms de 2 ou 3 syllabes sont accentués sur la 1re syllabe (ex. : **'garbage**, **'interesting**) sauf les noms se terminant par **aa**, **ee**, **ese**, **ette**, **eer**, **oo**, **ese**. Dans ce cas, l'accent porte sur cette dernière syllabe. Il existe quelques autres exceptions que nous verrons dans les exercices. Tu en connais déjà certaines car ce sont des mots courants (ex. : **He'llo**).
- Les verbes sont accentués sur la 2e syllabe (s'ils en ont plusieurs, bien sûr. Ex. : **to su'pport**), sauf s'ils se terminent par **-ow**, **-en**, **-y**, **-er**, **-ish** (ex. : **to 'borrow**). Dans ce cas, l'accent est sur la 1re syllabe.
- Dans les noms composés nom + nom, l'accent se met sur le premier nom (ex. : **'doghouse**).

12 **Tous ces mots sont correctement accentués. Entoure les 6 exceptions aux règles données ci-dessus.**

'method to 'follow ba'nana 'famous po'tato to re'turn
'Internet 'system to ex'plain No'vember ba'lloon 'April
to 'polish devo'tee 'problem to in'clude 'industry Ju'ly
'property e'leven Sep'tember 'August na'vette
Bur'mese ba'zaar 'camera to 'carry 'tender

13 Accentue les mots suivants.

saucepan veneer to fasten to ignore schoolboy Chinese
to punish obese palette baboon bookstore headache
donkey to depend mountain to marry army to allow
breakfast to afford to compete

Le schwa (son [eu])

C'est le son anglais le plus courant. On le trouve dans presque tous les mots car les sons voyelles des syllabes non accentuées se réalisent par ce son (ex : **listen** ['lis[eu]n], **banana** [b[eu]'nana]). De nombreuses terminaisons se réalisent par ce son (**-er**, **-or**, **-ar**, **-re**, **-a**, **-our**, **-ion** et **-ous**).

14 Entoure les syllabes où se trouve un [eu] dans les mots suivants.

NERVOUS ALTAR TO COMPLAIN AGAIN VACATION HANDSOME
LABOUR ABROAD SILVER COBRA TO PROVIDE COMPUTER MEXICAN
WINTER FREEDOM CAPTAIN FIREMAN HARBOUR TO ANNOUNCE

Les schémas intonatifs

La langue anglaise est très rythmée (accents) et très musicale (intonations). Il est important d'apprendre à bien utiliser les deux intonations de base, montante et descendante.

L'intonation est montante dans :

- les questions commençant par un auxiliaire ;
- les questions fermées (auxquelles on répond par **oui** ou **non**) ;
- un fragment de phrase si on attend une suite (ex. : **I was sleeping when**...) ;
- les phrases où l'on veut marquer son désaccord ou au contraire rassurer quelqu'un.

Elle est descendante dans :

- les phrases à l'impératif et les exclamations ;
- les questions commençant par un interrogatif en **wh-** (**why**, **where**, **who**, **what**, **when**) ;
- les phrases évoquant des informations neutres.

Pour les question tags, l'intonation est :

- descendante si le locuteur pense que l'interlocuteur est d'accord avec lui ;
- montante si le locuteur demande vraiment confirmation.

15 **Quelle intonation devras-tu prendre pour prononcer ces phrases ?**

1. Blue looks better, doesn't it? (demande de confirmation) ↗ ↘
2. Chocolate is made from cocoa. ↗ ↘
3. Why is Louisa so sad? ↗ ↘
4. Does your history teacher come from Greece? ↗ ↘
5. Eat your vegetables! ↗ ↘
6. Sandy has always been cheeky, hasn't she? (accord) ↗ ↘
7. With my steak, I'll have some peas... ↗ ↘
8. You could at least apologise?! ↗ ↘
9. Oh, don't worry. I'm sure you'll feel better soon. ↗ ↘

Les homophones

En anglais, il existe un grand nombre de mots qui ont une orthographe différente, n'ont aucun lien entre eux mais se prononcent de la même façon : ce sont les homophones.

16 **Remets les lettres dans l'ordre en t'aidant de l'indice pour trouver l'homophone des mots suivants :**

1. Flaw (défaut) / You walk on it : **ROFLO** ....
2. Quay (quai) / You use it to open a door : **YKE** ....
3. Genes (gènes) / Type of trousers : **SANEJ** ....
4. Tail (queue) / Story for children : **LETA** ....
5. Chaussure / Interjection meaning "go away!" : **SOHO** ....
6. Muscle / Moule : **SLUMES** ....
7. Cheveux / Lièvre : **RAHE** ....
8. Fleur / Farine : **ROLUF** ....
9. Framboise (baie) / Verb, which means « enterrer » : **YBUR** ....
10. Temps / Aromatic plant : **EMHTY** ....

Lettres muettes basiques

Il arrive parfois que certaines lettres ne se prononcent pas dans un mot. Tu as peut-être déjà remarqué ce phénomène dans des mots que tu utilises régulièrement, comme **walk** ou **knife**. Voici quelques règles à retenir.

Lettre	Ne se prononce pas...	Exemples
b	dans le groupe **mb** en fin de mot ou si elle précède un **t**	**tomb**
c	dans le groupe **sce/sci** ou **scle** en fin de mot	**scent**, **science**
d	dans quelques mots à connaître	**handkerchief**
g	dans la graphie **gn**	**gnat** ['nat], *moucheron*
k	devant un **n**	**knot**, *nœud*
l	dans la finale **-ould** et devant **f**, **k**, **m**	**folk**, **would**, **half**, **calm**
t	dans les groupes de lettres **st/stl**	**moisten**, humecter **thistle**, chardon

17 **Chacun des mots suivants contient une lettre silencieuse, entoure-la.**

1. glisten 2. disciple
3. sandwich 4. muscle
5. should 6. castle
7. scissors 8. limb
9. campaign 10. Wednesday
11. design 12. salmon
13. bomb

Bravo, tu es venu à bout de la partie prononciation ! Il est maintenant temps de compter les icônes et de reporter le résultat en page 128 pour l'évaluation finale.

Culture et civilisation

Les accents en Angleterre – L'exemple du cockney

En Angleterre, l'accent avec lequel on parle est très important. Il révèle non seulement l'origine géographique mais également l'origine sociale et le niveau d'éducation. L'accent censé représenter la norme est le R.P. (**Received Pronunciation**), celui des classes dirigeantes ou des classes moyennes supérieures éduquées, que les classes plus populaires qualifient volontiers de **posh**. Mais il existe des dizaines d'accents, comme le **Brummie** (région de Birmingham), le **Geordie** (nord de l'Angleterre), le **Scouse** (Liverpool, particulièrement mal perçu) ou le **Cockney** (dialecte populaire de la banlieue de Londres, parlé par la **working class**). Dans la comédie musicale *My Fair Lady*, adaptée de la pièce de G.B. Shaw, *Pygmalion*, le professeur de phonétique Higgins donne des cours de prononciation à une fille de l'East End (Eliza Doolittle), dont l'accent **Cockney** est très prononcé. En quelques semaines, celui-ci parvient à la faire passer pour une duchesse aux yeux de la société en l'aidant à modifier son accent. Le **Cockney** présente la particularité de ne pas marquer les **t** ou les **h** de début de mot et de transformer les sons **èï** (**cake**) en oï (**boy**). C'est pourquoi Higgins lui fait répéter les phrases **In Hartford, Hereford and Hampshire hurricanes hardly ever happen** et **The rain in Spain stays mainly in the plain**. Mais si le **Cockney** est difficile à comprendre, c'est qu'il est en quelque sorte codé. Certains mots sont en effet remplacés par des expressions qui riment : **stairs** se dit par exemple **apples and pears**, **phone** se dit **dog and bone**.

posh, *bourg (bourgeois)*

working class, *classe ouvrière*

bone, *os*

1 Suis les indices pour retrouver 7 mots (en anglais) abordés dans le texte.

A	T	B	R	U	M	M	I	E	L
G	R	O	S	S	E	T	G	C	O
E	P	Y	G	M	A	L	I	O	N
O	M	I	K	E	S	S	A	C	R
R	E	K	A	M	T	C	S	K	A
D	R	P	U	O	E	O	G	N	I
I	E	H	P	A	N	U	O	E	N
E	P	O	S	H	D	S	W	Y	I
I	O	N	A	E	L	I	Z	A	N
N	P	E	A	R	A	P	P	L	E

1. Accent de Birmingham
2. Accent banlieusard de Londres
3. Accent « norme » de l'anglais
4. Signifie « bourg »
5. Pièce de G.B. Shaw
6. Quartier londonien d'Eliza Doolittle
7. Se dit « chien et os » en cockney

The influence of immigration on American food

American society has been formed by successive waves of immigration. In the 17th century, immigrants came mainly from England and a little bit from Germany, Ireland, France and Italy. In the 18th century, many Germans arrived, along with smaller groups from Ireland and Scotland. They left their countries because they had no freedom of religion there. They were also hoping to prosper in the USA. One century later, immigration came from the Irish – who were fleeing the Great Famine – and Germans. Irish people arrived with no money at all and settled on the East coast – that's why the Irish community is still important in cities such as Boston – whereas the Germans, who had some savings, went further West to the Midwest, where they generally became farmers. At the end of the 19th century, many Chinese people arrived to work on the railroads which was developing dramatically. That history of immigration has had an impact on American food habits. Chinese food, pizza, hamburgers, doughnuts (also spelt donuts) and bagels are staples there. Let's take the example of donuts. Americans love them. As Homer Simpson says, "Donuts. Is there anything they can't do?". There's even a National Doughnut Day, on the 1st Friday of June! Well, the Dutch introduced them to America, they also introduced pickles. Bagels were introduced by the Polish Jews. Pretzels, hot dogs and hamburgers were brought by German immigrants, as well as sauerkraut (German fermented cabbage sometimes added to hot dogs). And pizza and Chinese speak for themselves. See?

waves, *vagues*
mainly, *principalement*
to hope, *espérer*
to flee, *fuir*
savings, *économies*
further, comparatif de supériorité de **far**
railroads, *chemins de fer*
dramatically, *considérablement*
staples, *denrées de base*
Dutch, *Néerlandais*
pickles, condiments au vinaigre
Polish Jews, *juifs polonais*
Pretzels, *bretzels*
cabbage, *chou*

2 Entoure la bonne proposition.

1. Au XVIIe siècle, l'immigration vers les États-Unis a été surtout **irlandaise** / **anglaise** / **allemande**.
2. Le bretzel est originaire **d'Allemagne** / **de Pologne** / **des Pays-Bas**.
3. Les immigrants quittaient leur pays car ils n'avaient pas de liberté **de la presse** / **de religion** / **de mouvement**.
4. Au XIXe siècle, les Irlandais partaient aux États-Unis pour fuir **des persécutions** / **la famine** / **la guerre**.
5. Les immigrés **allemands** / **polonais** / **italiens** / **chinois** ont travaillé sur les chemins de fer.
6. Les Chinois sont arrivés à la fin du **XXe** / **XIXe** / **XVIIIe** siècle.
7. Les bagels ont été apportés par les **Néerlandais** / **Allemands** / **Polonais**.
8. Les donuts sont d'origine **néerlandaise** / **allemande** / **autrichienne**.

La ville de Hong Kong et la guerre de l'opium

De 1898 à 1997, la ville de Hong Kong a été anglaise, avant de redevenir chinoise en 1997. Sais-tu pour quelle raison ? As-tu déjà entendu parler de la guerre de l'opium ? En 1773, les Anglais commencèrent à y faire le commerce de l'opium, une drogue qu'ils importaient d'Inde, où ils possédaient un comptoir appelé la Compagnie britannique des Indes orientales (**the East India Company**). Ce commerce était très rentable pour eux. L'opium venait en effet d'une plante facilement cultivable à moindre coût en Inde et les Anglais l'échangeaient contre des denrées chinoises beaucoup plus coûteuses comme le thé et la soie. L'opium était utilisé en Chine depuis plusieurs siècles comme médicament (il combat la douleur, le stress et aide à dormir). Ce n'est qu'au XVIIe siècle qu'il commença à être mélangé à du tabac pour être consommé comme drogue. Des fumeries – endroits réservés à sa consommation – virent même le jour. Très rapidement, le nombre de consommateurs dépendants augmenta, en particulier parmi les intellectuels et les agents de l'État chinois, ce qui mit à mal l'économie du pays et entraîna beaucoup de corruption. On estime que dans les années 1830, plus de 12 millions de Chinois en consommaient. En 1839, le gouvernement chinois prit des mesures d'urgence et interdit l'importation et la consommation d'opium, détruisant même un stock de 1 000 tonnes sur lequel il parvint à mettre la main. Cette action déclencha la guerre de l'opium, que le Royaume-Uni remporta en 1842. Non seulement les Britanniques eurent de nouveau le droit de faire le commerce de l'opium en Chine, mais ils gagnèrent aussi la direction de la ville de Hong Kong pour 99 ans, à compter de 1898. C'est la raison pour laquelle cette ville est redevenue chinoise en 1997.

3 Souligne et corrige les affirmations qui sont inexactes.

1. Hong Kong became Chinese again in nineteen ninety-seven. ....
2. Opium began to be used as a medicine[1] in the 17th century. ....
3. Special places[2] were created to smoke opium. ....
4. Many people smoked opium, but not intellectuals and civil servants[3]. ....
5. Opium had been used for centuries as a medicine, it is a painkiller[4] and it helps people sleep. ....
6. Opium was very expensive to produce for the British. ....
7. The Chinese exchanged opium for silk[5] and tea. ....
8. In the 1830s just 12 millions of Chinese people were not using opium. ....
9. In 1839 there was a war because China no longer wanted to sell silk. ....
10. In 1842 the British won Hong Kong but lost[6] the right[7] to sell opium. ....
11. The opium was produced in England. ....

(1) *médicament* (2) *endroits* (3) *fonctionnaires* (4) *antidouleur* (5) *soie* (6) prétérit de **to lose**, *perdre* (7) *droit*

4 **En t'appuyant sur les indices donnés dans la colonne de gauche, reconstitue le surnom de quelques villes américaines.**

Indices	Réponses
• **Houston** abrite un grand centre spatial. • La pomme était le nom donné à la récompense lors de courses de chevaux au début du xxe siècle et **New York** était la ville où se déroulaient les courses les plus importantes. • **New Orleans** est la ville du jazz et de la fête, où il règne une ambiance cool (« pas compliquée… »). • La recette des **baked beans** aurait été inventée à **Boston**. • Les gens vont à **Las Vegas** pour faire la fête, boire, jouer dans les casinos. La ville est également un haut lieu de la prostitution. • **Miami** est passée en un siècle de la taille d'un gros village à une grande métropole, une croissance… miraculeuse ! • **Detroit** a longtemps été le berceau de l'industrie automobile américaine. • La proximité du lac Michigan donne naissance à une brise fréquente à **Chicago**. • **Seattle** est une métropole entourée de forêts.	Apple, Sin[1], Wind, Easy, Motor, Magic, Space, Emerald[2], Bean 1. New York is *The Big* .... 2. Las Vegas is .... *City*. 3. Chicago is *The* ....*y City*. 4. New Orleans is *The Big* .... 5. Detroit is .... *City*. 6. Miami is *The* .... *City*. 7. Houston is .... *City*. 8. Seattle is .... *City*. 9. Boston is .... *Town*. (1) *péché* (2) *émeraude*

The Salem witch trials

In 1692, in a small Puritan village called Salem (Massachusetts), some people started accusing members of the community of practicing witchcraft. At the time people believed in the devil and they also thought that witches did the devil's work on earth. The story started with two girls from the community, who suddenly became weird – they would make strange noises, scream and shake. These girls put the blame on other women from the village and told that they had cast spells on them. Panic spread over the community and very soon villagers blamed everything that went wrong on witchcraft and looked for scapegoats to accuse. The Church started to make trials, with a view to spot the so-called witches who were causing that. Some people were hanged, others were sent to prison and died there. The judges had two tests to check whether someone was a witch or not: they would put stones on the accused to force a confession or they would throw them into the water because witches were supposed to float. As time passed, it became clear that innocent people were being accused so the governor of the State decided to stop all that in May 1693. In 1957, the State of Massachusetts finally asked for forgiveness for the trials. That historical episode has never stopped being in people's minds. American playwright Arthur Miller wrote a play about it called *The Crucible*. He used it as a metaphor for McCarthyism, an era also called the Red Scare, when Senator McCarthy was in power in the USA and the country was fighting communism. People were encouraged to denounce anyone they knew to be communists or to have communist-friendly ideas. In 1996, a film with actors Daniel Day-Lewis and Winona Ryder was made about that Salem story and in 2014, an American TV series called *Salem* started being aired too.

witchcraft, *sorcellerie*
devil, *diable*
witches, *sorcières*
on earth, *sur terre*
weird, *bizarre*
to shake, *trembler*
to blame, *accuser*
to cast a spell, *jeter un sort*
to spread, *se propager*
blamed, *mettre sur le dos de*
scapegoats, *boucs émissaires*
trials, *procès*
to spot, *détecter, identifier*
so-called, *soi-disant*
to hang, *pendre*
to float, *flotter*
playwright, *dramaturge*
communist-friendly, *sympathisantes*
to air, *diffuser*

5 Complète la grille suivante (mots en anglais).

Across (horizontalement)

5. État où se trouve Salem.
8. Actrice ayant joué dans le film tiré de cette histoire : Winona ....
9. Année où tout a commencé : .... ninety-two.
10. Les sorcières sont censées le faire dans l'eau.
11. Personne accusée de tous les maux.

Down (verticalement)

1. Mené par des juges de l'Église.
2. Il décida d'arrêter les procès.
3. Nom de la période anticommuniste aux États-Unis : the Red .....
4. « Art » des sorcières.
6. Tuer avec une corde.
7. Titre de la pièce de Miller : *The* ....
11. Les sorcières en jettent (singulier).

Langue et culture

6 **À partir de la conversation que Sarah a avec sa mère, essaie de trouver à quoi correspondent les références anglaises en gras dans le QCM ci-dessous.**

1. **Tesco** est un nom de	a. thé	b. opérateur téléphonique	c. supermarchés
2. **Eastenders** est	a. une série télévisée	b. Une station de métro	c. Une marque de baskets
3. **Camden** est	a. un quartier de Londres	b. le chien de la reine	c. une marque de thé
4. **Paddington** est	a. le fleuve qui traverse Londres	b. le nom du plus grand pub anglais	c. une station de métro
5. **A sarnie** est	a. un sandwhich	b. une sardine	c. un sac
6. **PG Tips** est	a. une marque de sachets de thé	b. un présentateur TV célèbre	c. une marque de soda
7. Le **chippy** est	a. une petite épicerie de quartier	b. le *fish and chips* du coin	c. la poste
8. Le **sheperd's pie** est	a. une sorte de hachis parmentier	b. une tarte aux oignons	c. un curry d'agneau

- **I dig your shirt, where did you buy it?**
- **You got an A in maths?! Get out of here!**
- **Put your coat on, it's Monkeys!**
- **I should work on my essay but I can't be arsed.**
- **What a kick-ass party! The best ever!**

7 Relie les expressions suivantes à leur signification en t'aidant des phrases fournies à gauche.

1. get out of here!? •
2. I can't be arsed. •
3. to dig •
4. to be Monkeys •
5. kick-ass •

- a. cailler (faire froid)
- b. J'ai la flemme.
- c. Sans déconner ?!
- d. génial, qui déchire
- e. kiffer

Le mot *awesome*

Nowadays[1], there is one word that teenagers use a lot to mean that something – a film, a party, a pair of sneakers, a hamburger – is good, great, fantastic or wonderful. That word is awesome and it has come[2] to irritate most middle-aged[3] and older people! Why are they irritated? Because the word's real meaning is actually[4] different. Something awesome inspires awe, which is a feeling of amazement[5] mixed with respect when you see something magnificent[6] and a little frightening like the sea or mountains. The Irish comedian and actor Dylan Moran – author of the hilarious TV series *Black Books* and of stand up comedy shows[7] – makes fun[8] of that tendency in one of his shows, saying that teenagers would even think of crisps as awesome and he adds: "Crisps are not awesome! They're crunchy[9]! If I opened them up and (...) shafts of light[10] and cherubim[11] and angelic music came out, they would be awesome!"

[1]aujourd'hui, de nos jours [2]en venir à, finir par [3]d'âge moyen [4] en fait [5]ébahissement [6]grandiose [7]spectacles comiques de scène [8]se moquer [9]croustillantes [10]rayons de lumière [11]chérubins

8 **Remets les lettres dans l'ordre pour reconstituer la question qui correspond aux réponses suivantes.**

1. most / who / the / uses / awesome / word / the? Teenagers do.

→ ....

2. by / is / word / irritated / that / who? Middle-aged and older people are.

→ ....

3. the / mean / does / awe / word / what? It means amazement mixed with respect.

→ ....

4. awe / give / can / Nature / feeling / in / a / of / what? The sea and the mountains can.

→ ....

5. nationality / is / Dylan Moran's / what? He is Irish.

→ ....

6. that / series / name / the / wrote / what / TV / he / the / is / of? It is called *Black Books*.

→ ....

7. crisps / like / what / are? They are crunchy, and certainly not awesome!

→ ....

Let's have some *craic* in Ireland!

The word craic – pronounced crack – is a very important word in Ireland. It started being used in the nineteen sixties and since then it's been in many Irish conversations! The problem is no one can really define the word and it cannot be translated into English. If an Irishman asks you "How's the craic?" or "What's the craic?" he is just asking "how are you?" or "what's new?" Now, having craic means something like "having a good time, having fun". If someone "is a great craic", it means you have fun with them. If they really enjoyed a party, they will say "we had great craic". But that is just a poor(1) definition because craic is much more than that. One important thing is that Irish people do not use the word to say they enjoyed doing something alone. If you are playing game console alone at home, that's not craic, even if you're having a really good time. Then, craic is all about the atmosphere and in a nutshell(2) it seems to consist in this: people you really like, a lot of talking and joking(3) in a relaxing atmosphere, music, and maybe a few drinks. And one last thing: if the craic is really good you will say that "the craic is ninety (or mighty)".

(1) *médiocre* (2) *en résumé* (3) **to joke**, *blaguer*

9 **Dis si ces affirmations sont vraies ou fausses et apporte les corrections / précisions nécessaires.**

1. Le mot **craic** se prononce ['krèk]. **VRAI** **FAUX** ....
2. Ce mot s'utilise depuis 1990. **VRAI** **FAUX** ....
3. **You're a great craic** signifie **How are you?** **VRAI** **FAUX** ....
4. **Craic** signifie juste **fun**. **VRAI** **FAUX** ....
5. Le **craic** est une question d'ambiance avant tout. **VRAI** **FAUX** ....
6. C'est un sentiment qui se vit en groupe ou seul. **VRAI** **FAUX** ....
7. La conversation est une partie importante du **craic**. **VRAI** **FAUX** ....
8. **The craic is ninety** signifie que l'ambiance festive est à son comble. **VRAI** **FAUX** ....

....

Bravo, tu es venu à bout de la partie culture et civilisation ! Il est maintenant temps de compter les icônes et de reporter le résultat en page 128 pour l'évaluation finale.

Verbes irréguliers

Infinitif	Prétérit	Participe passé	Traduction
become	became	become	*devenir*
burn	burnt	burnt	*brûler*
buy	bought	bought	*acheter*
catch	caught	caught	*attraper*
do	did	done	*faire*
drink	drank	drunk	*boire*
drive	drove	driven	*conduire*
fall	fell	fallen	*tomber*
feel	felt	felt	*sentir, éprouver*
find	found	found	*trouver*
get	got	got	*obtenir*
go	went	gone	*aller*
grow	grew	grown	*grandir*
have	had	had	*avoir*
hear	heard	heard	*entendre*
know	knew	known	*savoir, connaître*
leave	left	left	*laisser, quitter*
mean	meant	meant	*signifier, vouloir dire*
meet	met	met	*(se) rencontrer*
mow	mowed	mown	*tondre*
read	read	read	*lire*
rent	rent	rent	*louer*
ride	rode	ridden	*faire du cheval/vélo*
see	saw	seen	*voir*
send	sent	sent	*envoyer*
sing	sang	sung	*chanter*
sleep	slept	slept	*dormir*
stand	stood	stood	*se tenir*
take	took	taken	*prendre*
think	thought	thought	*penser*
understand	understood	understood	*comprendre*
wake	woke	woken	*se réveiller*
wear	wore	worn	*porter (des vêtements)*
write	wrote	written	*écrire*

Grammaire

Unité 1

1 **Dénombrables :** waffle, chip, pear, snake, pet, snail, moon, crosswords, butterfly, fly
Indénombrables : fruit, meat, butter, salt, ham, pasta, honey, honesty, love, velvet, leather, sugar, cheese, spinach, furniture, milk, news, soup

2 **1.** My French beans are cold. **2.** impossible **3.** My teeth are clean. **4.** There is sugar in the cupboards. **5.** impossible **6.** The mice have got cheese. **7.** My brothers have got Ø new scooters. **8.** impossible **9.** Ø Snakes are dangerous. **10.** impossible

3 **1.** any, the, Ø furniture **2.** Some, Any, The, Ø milk **3.** any, the, five, Ø pets **4.** some, no, the, Ø news. **5.** no, the, a snail **6.** some honey?

4 **1.** Have we got any time? **2.** There are not (aren't) any pets / There are no pets in the family. **3.** There is (some) ham in my sandwich. **4.** There is not (isn't) any salt in the pasta / There is no salt in the pasta. **5.** Do I like snails?

5 **1.** Ø **2.** The **3.** Ø **4.** a **5.** The **6.** a **7.** Ø **8.** Ø – Ø **9.** the – the **10.** a – the

6 **1.** has got **2.** has got – is **3.** has got **4.** is – are **5.** is – have got **6.** has got **7.** is **8.** is **9.** is – hasn't got **10.** is – is

7 **1.** 's – Their **2.** 's – Her **3.** 's – His **4.** ' – Their **5.** 's – Its

8 **1.** mine **2.** our **3.** her – hers

9 **1.** scar **2.** blanket **3.** wine **4.** cheek **5.** only child **6.** wool

10 **1.** My girlfriend has got a sweet tooth. **2.** I'm not lucky, this fancy car doesn't belong to me.

11 **Positifs :** funny, bright, reliable
Négatifs : moody, grumpy, boastful

12 **1.** greedy – quiet **2.** moody – bright **3.** selfish – stubborn

13 **1.** She's got no courage. **2.** Has my brother got a tendency to complain? **3.** My cousins have got no attention for other people. **4.** I've got a positive view of things. **5.** Her husband has got a tendency to show off.

14 **1.** disgusting **2.** excited **3.** disappointed **4.** boring

15 **1.** sugar-free **2.** good-looking **3.** good-tempered **4.** correct **5.** English-speaking **6.** absent-minded **7.** kind-hearted **8.** meat-eating **9.** high-quality

16 **1.** a. **2.** b. **3.** a. et b. **4.** a. et c. **5.** a. et c.

17 **1.** This is / It's such existing news! **2.** He is / This is such a moody man! **3.** What a stubborn girl your sister is! **4.** What comfortable jeans I've got! **5.** How terrifying this/that snake is! **6.** How disgusting this spinach is!

18 **a.** sweet **b.** sour **c.** expensive **d.** hardworking **e.** lazy **f.** cheap **g.** dangerous

19 **1.** closer to **2.** less dangerous **3.** sweeter **4.** as fat as

20 **1.** not as foolish as mine / wiser than mine **2.** not as safe as yours / more dangerous than yours **3.** not as hard-working as her sister / lazier than her sister **4.** not as cheap as the red one / more expensive than the red one

21 **1.** My brothers and sisters are wiser and wiser. **2.** Computers are less and less expensive.

22 **1.** Anna hates seafood. She doesn't mind mashed potatoes but she prefers mushrooms to mashed potatoes. **2.** Mark hates rice. He doesn't mind onions but he prefers French beans to onions. **3.** Karim hates pancakes. He doesn't mind honey but he prefers grapes to honey.

23 **1.** Do French teenagers like junk food? Les adolescents français aiment-ils la malbouffe (le fast-food)? **2.** People order takeaway when they don't want to cook. Les gens commandent à emporter quand ils ne veulent pas cuisiner. **3.** We grow raspberries and apricots in our garden. Nous cultivons des framboises et des abricots dans notre jardin. **4.** Her mother is baking a cheery cake at the moment. Sa mère est en train de préparer un gâteau à la cerise. **5.** Pineapples do not grow on trees. Les ananas ne poussent pas sur des arbres. **6.** The children are having fizzy drinks. Les enfants sont en train de boire des boissons gazeuses.

24 **1.** doesn't stand **2.** I'm writing **3.** entertain **4.** need – I'm bleeding **5.** do not get on – are arguing **6.** hope – feels **7.** is walking **8.** do you mean **9.** Do snakes have **10.** is coughing

25 **1.** i **2.** h **3.** b **4.** e **5.** j **6.** a **7.** d **8.** c **9.** f **10.** g

26 **De gauche à droite :** garçon : seldom – Rachel : occasionally – jumeaux : hardly ever

27 **1.** I usually agree with my sister's boyfriend. **2.** The children hardly ever fall asleep before eleven o'clock. **3.** Fizzy drinks are often cheap. **4.** My mother sometimes goes to gymnastics on Saturdays. **5.** We always have a wash after rugby practice.

28 **1.** How often does he eat chocolate? **2.** How many times a week do you practice rugby?

29 **2.** Julia usually goes to the mountain but she's spending her holidays at the seaside now. **3.** I hardly ever do homework on Sundays but I'm learning my irregular verbs at the moment. **4.** We usually hang about with friends but today we're looking after our little sisters.

30 **1.** How old is your husband? **2.** How high is the Statue of Liberty? **3.** How long is your snake? **4.** How far does your girlfriend live from Manchester? **5.** How much is this car? **6.** How many daughters have your neighbours got? **7.** How well do you speak German?

31 **1.** How tall is their daughter? **2.** How long is the ice rink? **3.** How far is the seaside (from here)? **4.** Amy doesn't want to hang about with her friends today.

32 **1.** care **2.** mind **3.** care **4.** mind

33 **1.** the – the **2.** Ø **3.** a **4.** Ø **5.** Ø – Ø **6.** a

34 Emma's father works in a car factory near Leeds and her mother is a clerck. My cousin Sam is a delivery driver. He is unemployed right now and he is looking for a job. Our neighbour is a sales manager in a plumbing company and her husband is a mechanic. **1.** la mère d'Emma **2.** mon cousin Sam **3.** ma voisine

35 **Across : 2.** mechanic **4.** seeker **5.** plumber
Down : 3. clerk **1.** delivery

36 **1.** You're getting on my nerves! **2.** Patrick is a mechanic and his daughter is a clerk. **3.** Yes, I'm unemployed at the moment but it's none of your business!

37 **1.** against. Il y a une planche de surf contre la porte. **2.** below. Les tasses sont en dessous de la cafetière. **3.** beside. Je garde toujours mes lunettes à côté de mon lit. **4.** in front of. Il y a une voiture de police devant la maison des voisins. **5.** above. Elle a un beau poster au-dessus de son lit. **6.** near. J'habite près de la gare. **7.** opposite. L'école est en face du parc. **8.** under. Il y a une fuite sous l'évier.

38 **1.** on – in **2.** in **3.** in **4.** at – at **5.** in – in **6.** in **7.** on **8.** on – at **9.** on

39 **1.** up **2.** around **3.** down **4.** into – through **5.** past **6.** towards

40 **1.** The station is on your left. **2.** Look at him! He's putting his jersey around his neck! **3.** We live on rue Pasteur, at number 6. My sister lives in the suburb, near Glasgow. **4.** Many people run along the beach.

Unité 2

1 **1.** Did you watch **2.** I wrote **3.** People weren't rich **4.** correct **5.** We didn't understand

2 **1. d.** Ils savaient leur leçon par cœur hier. **2. e.** Ta mère a préparé une autre tarte? **3. a.** Nous avons vu Anna ce matin à Market Street. **4. b.** Mon grand-père était professeur. **5. f.** Elle ne s'est pas plainte. Elle n'est pas grincheuse. **6. c.** Nous avons entendu de la musique dans ta chambre il y a une heure.

3 **1.** Did you want to be a doctor when you were a child? **2.** Laureen and Matt got on well. **3.** Your parents had a car when they were 20. **4.** They didn't walk along the beach all day yesterday.

4 **1.** grew up **2.** overslept – Did he miss **3.** caught – went **4.** walked – didn't wash **5.** read – ordered

5 "I **got** up at 6 a.m. I **took/had** a bath and I **shaved**. Then, I **sent** a postcard to my **sister** for **her birthday**. I **took** the bus to Coventry and I **visited** my mother. I **stopped** at the **mall**. I **bought** her some **flowers** at the **florist's opposite** her house."
"I **helped** my mother clean her house, I **did** some **shopping** for her. I **lost** my phone at the mall so I **borrowed hers**. I **left** her place at 5 p.m. I **didn't take** the train, I **came back** home in a **cab**."
"I **mowed** my **lawn** and **did** some gardening. I **stayed** home in the **evening** and **celebrated** my best friend's birthday. I **didn't go out**."

6 **1.** mall **2.** sales **3.** meeting **4.** break **5.** flu

7 **1.** We were attending an important meeting yesterday afternoon. **2.** It was snowing when we woke up. **3.** My mother was cooking when she burnt her arm.

8 **1.** She was texting me when she had a car accident. Elle était en train de m'envoyer un texto quand elle a eu un accident de voiture. **2.** We were shopping at the mall when we bumped into your sister. Nous faisions du shopping au centre commercial quand nous sommes tombés sur ta sœur.

9 **1.** while **2.** during **3.** for **4.** during **5.** while **6.** during **7.** for **8.** while

10 **1.** still **2.** again **3.** still **4.** again **5.** again **6.** still

11 **1.** has found – e. **2.** have burnt – a. **3.** have played – d. **4.** has closed down – c. **5.** has sung – b.

12 **1.** Have you ever been to Jamaica? **2.** She has not bought her Christmas presents yet. **3.** I have already worked in a restaurant. **4.** We have never travelled outside Europe. **5.** My sister hasn't had any children yet. **6.** Yes, they have already seen that film.

13 **1.** has just rained – so **2.** because – has just passed **3.** has just been delayed – so **4.** because – have not saved **5.** sent – because

14 **1.** Why haven't you bought your Christmas presents yet? I haven't had the time, so I haven't bought my Christmas presents yet. **2.** Why have you worked in a charity shop? We wanted to help poor people, so we have worked in a charity shop.

15 **A. 1.** Tom and Mia have just had a baby. **2.** They haven't got married yet. **3.** Yann has already lived abroad once. **4.** He has never grown a moustache. **B. 5.** Have you already rented a car? No, she hasn't done it yet. **6.** Has she ever been to Sweden? No, she's never been. **7.** What has Yann just done? He has just fallen asleep on the train. **8.** What have Tom et Mia done once? They have ridden a motorbike.

16 **1.** Have they ever driven on a slippery road? **2.** My sister has just passed her exam. **3.** He hasn't earned much money, so he hasn't saved (any).

17 **1.** He is the stingiest man I've ever met. **2.** Our parents are the most lenient parents I know. **3.** Velvet is the smoothest material for clothes.

18 **1.** It's the tidiest house in the neighbourhood. **2.** It's the least smooth (the roughest) I have ever worn. **3.** He's the most annoying man I have ever met. **4.** It was the most important one in the XXth century.

19 **1.** became **2.** have you already seen **3.** I haven't taken **4.** has been **5.** have you ever cooked – did **6.** wore

20 **1.** for – T **2.** for – C **3.** since – C **4.** for – T **5.** since – C

21 **1.** How long did you stay at the hotel? **2.** How long has his wife been sick? **3.** How long a day do you practice the piano?

22 **1.** where **2.** who **3.** what **4.** how **5.** which **6.** when **7.** whose **8.** why

23 **1.** perfectly **2.** beautifully **3.** slowly

24 **1.** Perhaps, he hasn't been very generous with her. **2.** The children caught the flu yesterday / Yesterday the children caught the flu. **3.** Suddenly her husband became very annoying / Her husband suddenly became very annoying. **4.** My father was sometimes a funny man. **5.** He almost woke up the baby an hour ago.

25 – Have you seen Anna lately?
– We bumped into her last week.
– Where did you see her?
– At the mall during the sales.
– How was she?
– She was well. She has been married since 2015 and she had a baby in 2016, did you know that?

Unité 3

1 **1.** lend **2.** fixing **3.** printer **4.** iron **5.** lipstick **6.** hold **7.** to put on

2 **1.** FI : Will I lend her some money? FN : I will not (won't) lend her any money. **2.** FA : You are booking a table tonight. FN : You are not (aren't) booking a table tonight. **3.** FI : Is he about to fix my printer? FN : He's not about to fix my printer. **4.** FA : The plane takes off before 10. FI : Does the plane take off before 10? **5.** FI : Am I going to iron my shirt? FN : I'm not going to iron my shirt.

3 **1.** Are you going to watch a film? **2.** No, I was about to go out. **3.** I'm going to buy **4.** closes **5.** I'll be on time

4 **1.** is going to put on some make up. **2.** I will marry you soon. **3.** The President visits the embassy tomorrow. **4.** He is asking Camilla out tonight. **5.** There is going to be a storm. **6.** You will put on weight.

5 **Across 3.** wear **4.** licence **6.** laptop **Down 1.** levels **2.** cheeky **5.** move

6 **1.** will move out – gets **2.** Will you wear – are **3.** pass – I will buy

7 **1.** We will buy you a scooter if you pass your A-levels. **2.** We will buy you a new laptop when you are less cheeky.

8 **1.** wine **2.** date **3.** switch on **4.** magic wand **5.** essay

9 **1.** d **2.** a **3.** c **4.** b

10 **1.** asked **2.** would not be exhausted **3.** would like **4.** Will you go **5.** Would you mind **6.** have

11 **1.** Would you mind if I switched off the television? **2.** My father would smoke less if he were not so stressed out. **3.** I will date him when he is nicer. **4.** Would you like another glass of wine?

12 **1.** truth **2.** fishy **3.** icy **4.** apologise **5.** complain **6.** dump **7.** miss **8.** dawdle

13 **1.** You should tell them the truth. / You'd better tell them the truth. **2.** He should apologise to her. / He'd better apologise to her. **3.** They should not complain. / They'd better not complain.

14 **1.** FI : Should Emma dump Ben? FN : Emma shouldn't dump Ben. FIN : Shouldn't Emma dump Ben? **2.** FI : Had we better eat now? FN : We'd better not eat now. FIN : Had we not better eat now? / Hadn't we better eat now?

15 **1.** b **2.** d **3.** a **4.** e **5.** c

16 **1.** They should always fix their safety belt. Ils devraient toujours mettre leur ceinture de sécurité. **2.** You shouldn't talk to strangers on the Internet. Tu ne devrais pas parler à des inconnus sur Internet. **3.** Shouldn't you brush your teeth twice a day? Ne devrais-tu pas te brosser les dents deux fois par jour? **4.** Hadn't she better write her essay? Ne ferait-elle pas mieux d'écrire sa rédaction/dissertation? **5.** We had better not dawdle or we will miss our train. Nous ferions mieux de ne pas traîner ou nous allons rater notre train.

17 **1.** You'd better apologise or Emma will dump you. **2.** Shouldn't you always tell the truth?

18 **1.** blood **2.** sunshine **3.** bien placé **4.** damage **5.** traffic **6.** progress **7.** slice

19 **1.** a little **2.** every **3.** a few **4.** every **5.** most **6.** few **7.** many **8.** too much

20 **1.** b Tous les étudiants de mon université passent leurs examens. **2.** a. La plupart des dégâts n'étaient pas graves.

21 **1.** Most biscuits are delicious but I prefer chocolate ones.
2. There are two books on the desk. The bigger one is mine.

22 **1.** You shouldn't spend most your money on clothes. **2.** We'd better buy enough food for our party.

23 **a.** ice rink **b.** plate **c.** cab **d.** seafood

24 The words in a song are the lyrics.

25 **1.** meet **2.** going **3.** share **4.** redecorating

26 **1.** Why don't we tell her the truth? How about telling her the truth? **2.** Let's order a plate of seafood! What about ordering a plate of seafood? **3.** How about a nice cup of tea? Let's have/drink/take a nice cup of tea!

4. What about a little chocolate ice cream? Why don't we have/eat a little chocolate ice cream?

27 **1.** Let's eat all the seafood! **2.** What about / How about learning each word of that song?

28 **1.** She should tell him herself **2.** by himself **3.** correct **4.** correct **5.** John and Tina are kissing **6.** The children enjoyed themselves **7.** correct **8.** I'm going to get dressed **9.** Eva and Laurie argue a lot. **10.** correct **11.** My sister cut herself

Unité 4

1 **1.** FI : Did you have to go to the dentist's this morning? (obligation) **2.** FI : Must she leave work soon? (obligation) **3.** FA : She will have to cook lunch herself (obligation) **4.** (absence d'obligation). FI : Do you have to help me? (obligation) **5.** (obligation). FN : You mustn't do that again. (interdiction)

2 **1.** must – Il faut qu'ils soient attentifs s'ils veulent réussir leurs examens. **2.** mustn't – Les enfants ne doivent pas répondre à leurs parents. **3.** doesn't have to – Mon frère n'a pas à manger à la cantine, il a un panier-repas. **4.** don't have to – Nous n'avons pas fait les courses, nous allons commander en ligne. **5.** has to – Il veut une nouvelle voiture, par conséquent il travaille à plein temps.

3 **1.** comprehensive **2.** abused **3.** spectacles **4.** physician – definitely

4 **1.** Forget your lunchbox! **2.** Abuse that man! **3.** Don't go to the canteen! **4.** Don't call the physician!

5 **1.** You mustn't buy clothes online. Don't buy clothes online! **2.** You must check your eyesight. Check your eyesight!

6 **a.** swim/4 **b.** swimsuit/7 **c.** drunk/1 **d.** gymnastics/6 **e.** ambidextrous/2 **f.** Chinese/3 **g.** cello/5

7 **1.** to stop one's breath **2.** to make better **3.** to learn something with a teacher **4.** to take someone into your car **5.** to exercise regularly **6.** to sing well

8 **1.** f **2.** g **3.** e **4.** b **5.** a **6.** d **7.** c

9 **1.** I will be able to mow the lawn for you tomorrow. **2.** My neighbour could run marathons when she was younger. **3.** You would be able to improve your English if you took classes.

10 **1.** Rick was able to swim faster. Rick savait nager plus vite. **2.** Karim and Fiona were able to work full time. Karim et Fiona étaient capables de travailler à plein temps. **3.** Sylvia was able to eat at the canteen. Sylvia pouvait manger à la cantine. **4.** Rick can/is able to go to Mark's party. Rick peut aller à la fête de Mark. **5.** Karim and Fiona can/are able to play the cello. Karim and Fiona savent jouer du violoncelle. **6.** Sylvia can/is able to change her spectacles. Sylvia peut changer ses lunettes. **7.** Rick will be able to pay attention. Rick saura être attentif. **9.** Sylvia will be able to practice gymnastics more. Silvia pourra pratiquer davantage de gymnastique. **10.** Rick could/would be able to speak Chinese if he went to China more often. Rick saurait parler chinois s'il allait plus souvent en Chine. **12.** Sylvia could/would be able to drive if she was not drunk. Sylvia pourrait conduire si elle n'était pas ivre.

11 **1.** can't – am not able to **2.** was able to – could **3.** could – would be able to

12 **1.** Are students allowed to **2.** are not allowed to **3.** may not **4.** may I have **5.** be allowed to **6.** allowed to

13 **1. a.** Paula will not be allowed to borrow my textbook. **b.** Was Paula allowed to borrow my textbook? **2. a.** My son will not be allowed to watch a film. **b.** Was my son allowed to watch a film?

14 **1.** must **2.** might **3.** may

15 Capacité : 5, 12 / Autorisation : 7, 8 / Incapacité : 2 / Possibilité de 50 % : 4 / Obligation : 1, 11 / Probabilité de 90 % : 6 / Interdiction : 3 / Absence d'obligation : 9 / Probabilité de 10 % : 10

16 **1.** Don't take that route! **2.** His girlfriend was not injured. He must be relieved. **3.** You don't have to hide your pain. **4.** I was not allowed to pay with coins. **5.** You mustn't prevent their friendship. Shall we invite them? **6.** I will not be able to give you (any) evidence. **7.** You would be able to deliver this parcel if you had a car. **8.** I might go on a journey, actually. Why wouldn't you come with me?

17 **1.** Q : What is she going to buy (a few) apples for? PSI : She's going to buy a few apples to make a pie. **2.** Q : What has he taken a pen for? PSI : He's taken a pen to note down your phone number. **3.** Q : What did we take classes for? PSI : We took classes to speak English better. **4.** Q : What should you stop smoking for? PSI : You should stop smoking to be in better health.

18 **1.** My boss has ordered my co-worker to call this client. / Mon patron a ordonné à mon collègue d'appeler ce client. **2.** Keith's parents would forbid him to buy expensive sneakers. / Les parents de Keith lui interdiraient d'acheter des baskets chères. **3.** Parents must encourage their children to make friends. / Les parents doivent encourager leurs enfants à se faire des amis. **4.** I did not expect her to be so kind. / Je ne m'attendais pas à ce qu'elle soit aussi gentille. **5.** His doctor will advise him to eat fewer chips. / Son médecin lui conseillera de manger moins de frites.

19 **1.** reading **2.** smiling **3.** lying **4.** waiting **5.** sharing **6.** shopping

20 **1.** eating **2.** to lose **3.** locking **4.** breaking **5.** to help **6.** travelling **7.** to contact **8.** to marry

21 **1.** Where does Tina want her husband to go? **2.** What do you need to do to feel good tomorrow morning?

3. What would you like to save money for? **4.** What can't you stand?

22 **1.** The teacher told us to learn the irregular verbs. **2.** Oliver loves hiking. He has just invited me to come hiking with him. **3.** My sister hates drinking tea after eating.

23 **1.** Oysters are seafood. **2.** Pepper and chili are spices.

24 **1.** c **2.** d **3.** b **4.** a

25 **1.** as soon as **2.** because **3.** that **4.** if **5.** to

26 **1.** She would feel (that) they had better tell the truth. **2.** He hopes (that) you won't be mad at him. **3.** We may know (that) most people didn't like our oysters. **4.** They have supposed (that) we will not be able to buy a house.

27 **1.** I will go to the hairdresser's as soon as I have some time. **2.** Anna would not be in love with Karim if he were not so nice. **3.** I hope you can / are able to sleep a bit. **4.** My brother has always enjoyed Indian food because he loves spices.

Unité 5

1 **1.** neither **2.** too **3.** neither **4.** either **5.** too **6.** as well

2 **1.** as well **2.** also **3.** as well **4.** also

3 **1.** So did you. **2.** Neither does she. **3.** So have I. **4.** Neither would he.

4 **1.** c. **2.** a. **3.** b. **4.** a. **5.** b. **6.** c.

5 **1.** sent **2.** celebrated **3.** congratulated **4.** trained

6 **1.** Jane Austen wrote *Pride and Prejudice* in 1796. **2.** My boyfriend has told me lies. **3.** A friend will repaint the kitchen. **4.** My father can repair my car.

7 **1.** My birthday would be celebrated. **2.** This hotel has been opened. **3.** My brother will be congratulated by his boss.

8 **1.** The team would be trained by the new coach. **2.** She was offered a ring. **3.** We may be invited by our cousins. **4.** My sister is being brought a bunch of flowers.

9 **1.** The killer is going to be arrested by the police. He will probably be sent to prison. **2.** I was told that you were not married. Neither am I. **3.** Your hundredth birthday must be celebrated! **4.** The team should be trained more regularly. So should you!

10 **1.** b **2.** c **3.** a **4.** c **5.** b **6.** b **7.** b **8.** a

11 **1.** have they? **2.** correct **3.** correct **4.** correct **5.** isn't she? **6.** correct

12 **1.** do we? **2.** shouldn't he? **3.** won't they? **4.** is she? (étonnement) **5.** wasn't it? **6.** hasn't it?

13 **1.** Mark will be able to play the piano, won't he? **2.** Henry has been engaged, has he?

14 **1.** skiing instructor **2.** mall **3.** Fattening **4.** novelist **5.** Rainy days **6.** second-hand **7.** civil servant **8.** walking **9.** graveyard

15 **1.** which, that **2.** whose **3.** who **4.** when

16 **1.** I live in the South of Ireland, where I met my husband. **2.** We have bought a laptop which/that was on offer. **3.** She married Olivier, who is the sweetest man we know. **4.** This man is a famous novelist whose books are read all over the world.

17 **1.** You have bought the T-shirt (that) we saw in the sales at the mall, haven't you? **2.** This man is not the civil servant who is buying the second hand car tomorrow, is he?

18 **1.** unlike **2.** but **3.** whereas **4.** unlike **5.** However **6.** Nevertheless

19 **1.** correct **2.** In spite of the rain **3.** correct **4.** despite the price / in spite of the price **5.** Even if it's snowing / in spite of the snow **6.** correct

20 **1.** c **2.** a **3.** d **4.** b

21 **1.** Therefore **2.** by the way **3.** **whether** we'll be able to come to your party **or** not. **4.** No John, you can eat **either** a cookie **or** a muffin, not both.

22 **1.** Look at the lady whose dog is barking! **2.** Despite my glasses, I can't see the car (that/which is) over there very well. **3.** Help me instead of watching TV. **4.** Unlike me, Anna doesn't know whether Tom is married or not. **5.** Oh, by the way, the man (that) we saw yesterday is our new neighbour.

23 **1.** I will buy a tablet online. **2.** My sister is selfish. **3.** Don't worry. **4.** I'm an architect. **5.** Are you angry? **6.** We're not married.

24 **1.** told **2.** asked **3.** answered **4.** explained **5.** promised

25 **1.** He answered that he didn't know what to do. **2.** My brother asked if I sometimes argued with my wife. **3.** Tom promised that he would be there for me. **4.** Mum said that we didn't have enough eggs to make a cake. **5.** The teacher explained that regular verbs ended with -ed in the preterit tense.

26 **1.** joke **2.** wedding **3.** upset **4.** bossy **5.** apologise

Prononciation

1 **1.** [a] **2.** [eu] **3.** [èï] **4.** [a] **5.** [â] **6.** [a] **7.** [ô] **8.** [èï] **9.** [â] **10.** [a] et [i] **11.** [ô] **12.** [èï] **13.** [eu] **14.** [â] **15.** [i]

2 [i] : window, rabbit, wink, login, industry, wind
[aï] : find, pie, mind, sight, kind, blind, cider
[**i**] : machine, police, fierce
[**eu**] : whirl, dirt

3 **1.** [i] **2.** [èï] **3.** [^{eu}] **4.** [i] **5.** [^{eu} ou] **6.** [i] **7.** [èï] **8.** [aï] **9.** [^{eu} ou] **10.** [i] **11.** [i] **12.** [^{eu}] **13.** [i] **14.** [i] **15.** [i] **16.** [^{eu}] **17.** [i] **18.** [^{eu}]

4 **h aspiré :** grasshopper (sauterelle), keyhole (trou de serrure), hope (espoir), history (matière scolaire : histoire), household (foyer), to happen (se passer)

h muet : thyme (thym), Thai (de Thaïlande), gherkin (cornichon), ghetto (ghetto), heir (héritier), honour (honneur), honest (honnête)

Message : citation du comédien anglais Eddie Izzard évoquant la différence de prononciation du *h* dans certains mots en anglais (aspiré) et en américain (non aspiré) : "You say erbs and we say herbs because there's a fucking H in it !"

5 **1.** circle **2.** ceiling **3.** geography **4.** city **5.** genius **6.** celery **7.** cellar **8.** germ **9.** giant

6 **c se prononcant [k] :** colours (couleurs), cake, curtain (rideau) **g se prononçant [g] :** guitar, gate (grille, portail), goat (chèvre)

7 **[ou]/[ou] :** good, room, book, wood, soon, broom [ô] : door, floor [eu] : blood, flood

8 beard [i^{eu}], Sean (autres ['chô**n**]), sweat [è], deaf [è], heavy [è], ocean (autres ['^{eu}ouch^{eu}n], Yeats [è],bear [è^{eu}], year [**i**^{eu}], early [**eu**], break [èï]

9 **Across** **1.** mug **4.** lucky **5.** money **6.** colour **7.** husband **8.** above **12.** nothing **13.** onion **14.** honey

Down **2.** ugly **3.** summer **6.** country **9.** blood **10.** enough

10 **1.** orchid **2.** chef **3.** parachute **4.** headache **5.** chandelier **6.** chemist **7.** machine **8.** Christmas (tree) **9.** chivalry **10.** architect **11.** stomach **12.** chaos **13.** character **14.** archive **15.** brochure

Dans ces 15 mots, le *ch* se prononce soit [ch] soit [k]. Le *ch* se prononce [ch] dans ces mots d'origine française : parachute, chef, chandelier, machine, chivalry, brochure. Il se prononce donc [k] dans les autres mots, qui sont d'origine grecque : orchid, headache, chemist, architect, stomach, chaos, character, archive.

11 **1.** [d] **2.** [id]/[^{eu}d] **3.** [id]/[^{eu}d] **4.** [t] **5.** [id]/[^{eu}d] **6.** [d] **7.** [t]

12 Les 6 noms suivants sont des exceptions, ils devraient être accentués sur la 1re syllabe mais ne le sont pas, il faut donc apprendre et retenir leur accentuation : ba'nana, po'tato, No'vember, Ju'ly, e'leven, Sep'tember.

13 'saucepan, ve'neer, to 'fasten, to i'gnore, 'schoolboy, Chi'nese, to 'punish, o'bese, pa'lette, ba'boon, 'bookstore 'headache, 'donkey, to de'pend, 'mountain, to 'marry, 'army, to a'llow, 'breakfast, to a'fford, to com'pete

14 nervous, altar, to complain, again, vacation, handsome, labour, abroad, silver, cobra, to provide, computer, Mexican, winter, freedom, captain, fireman, harbour, to announce

15 **1.** ↗ **2.** ↘ **3.** ↘ **4.** ↗ **5.** ↘ **6.** ↘ **7.** ↗ **8.** ↗ **9.** ↗

16 **1.** floor **2.** key **3.** jeans **4.** tale **5.** Shoo **6.** mussel **7.** hare **8.** flour **9.** bury **10.** thyme

17 **1.** glisten **2.** disciple **3.** sandwich **4.** muscle **5.** should **6.** castle **7.** scissors **8.** limb **9.** campaign **10.** Wednesday **11.** design **12.** salmon **13.** bomb

Civilisation

1 **1.** Brummie **2.** Cockney **3.** R.P. **4.** posh **5.** Pygmalion **6.** East End **7.** phone

2 **1.** anglaise **2.** d'Allemagne **3.** de religion **4.** la famine **5.** chinois **6.** XIXème **7.** Polonais **8.** néerlandaise

3 Sont inexactes : **2.** Opium began to be used as a drug in the 17th century. **4.** Many intellectuals and civil servants were using opium too. **6.** It was very cheap to produce in India. **8.** In the 1830s just 12 million Chinese people were using opium. **9.** In 1938, there was a war because the Chinese government forbade the importation and the use of opium and destroyed 1,000 tons of opium. **10.** In 1842 the British won Hong Kong and they got the right to sell opium again. **11.** It was produced in India.

4 **1.** Apple **2.** Sin **3.** Wind **4.** Easy **5.** Motor **6.** Magic **7.** Space **8.** Emerald **9.** Bean

5 **Across** **5.** Massachusetts **8.** Ryder **9.** sixteen **10.** float **11.** scapegoat

Down **1.** trial **2.** governor **3.** Scare **4.** witchcraft **6.** hang **7.** *Crucible* **11.** spell

6 **1.** c **2.** a **3.** a **4.** c **5.** a **6.** a **7.** b **8.** a

7 **1.** c **2.** b **3.** e **4.** a **5.** d

8 **1.** Who uses the word awesome the most? **2.** Who is irritated by that word? **3.** What does the word awe mean? **4.** What can give a feeling of awe in Nature? **5.** What is Dylan Moran's nationality? **6.** What is the name of the TV series that he wrote? **7.** What are crisps like?

9 **1.** faux, ['krak] **2.** faux, depuis les années 1960 **3.** faux, cela signifie que l'on est avec quelqu'un avec qui on s'amuse bien **4.** faux, c'est un ressenti plus complexe, qui regroupe plusieurs éléments **5.** vrai **6.** faux, il se vit en groupe **7.** vrai **8.** vrai

Bravo, tu es venu à bout de ce cahier ! Il est temps à présent de faire le point sur tes compétences et de comptabiliser les icônes afin de procéder à l'évaluation finale. Reporte le sous-total de chaque chapitre dans les cases ci-dessous puis additionne-les afin d'obtenir le nombre final d'icônes dans chaque couleur et découvre tes résultats !

	🙂	😐	🙁
GRAMMAIRE			
Unité 1			
Unité 2			
Unité 3			
Unité 4			
Unité 5			
PRONONCIATION			
CIVILISATION			
Total, tous chapitres confondus			

Tu as obtenu une majorité de...

🙂 **Congratulations! Bravo !** Tu t'en es très bien sorti, continue comme ça !

😐 **Not bad at all! Ce n'est pas si mal !** Mais tu peux progresser en refaisant les exercices où tu as fait des erreurs.

🙁 **Try again! Persévère !** Reprends l'ensemble de l'ouvrage en relisant bien les leçons avant de refaire les exercices.

Crédits iconographiques

COUVERTURE : Anne-Sophie Peyer. **INTÉRIEUR : DR :** 14mg, 17hd (vélos), 20, 23mg, 106b (chevalier); Fotolia : 48; **Shutterstock** : Anastasia_B : 105bd; angkrit : 84; ankomando : 67; Anna Frajtova : 83; Annasunny24 : 43b, 54h; AnnRas : 51bd; Anthony Krikorian : 70b (contrebassiste), 115; arbit : 62 md (assiette); Artisticco : 17hd (citron); Artit Fongfung : 90; Azazel1o : 34; Banana vector : 12; belkatt : 19bg (pommes de terre); Beresnev : 29; Blablo101 : 13; Bplanet : 106bg (sapin); BSVIT : 53; cmgirl : 25bd; Comodo777 : 75; Dacian G : 8md; Deepashree Mankar : 103bd (portail); djdarkflower : 14bd; Donnay Style : 58; Doremi : 46hd; Elena Nayashkova : 62 (fruits de mer); Elvetica : 44, 103bd (fenêtre); Evellean : 106md (chimiste); forden : 8bg; GoodVector : 70bg (yoga); graphic-line : 45hd; graphics-dunia4you : 100; GraphicsRF : 7b, 17hg; gst : 5h, 106hd (parachute); Guingm : 31md; Gurza : 77h; Happy Oksana : 6b; honglouwawa : 62md (taxi); honoka : 79b; Hudyma Natallia : 70bd (drapeau); iceink : 121; Iconic Bestiary : 52md, 92; igorrita : 28hd; Incomible : 14hd; Iurii Augulis : 55bd; jabkitticha : 42bg; jehsomwang : 66; jesadaphorn : 11hg, 16, 26hg, 57, 80bd, 98; Julia Tim : 55hd; K N : 4; Kachalova Kseniia : 118mg; Kseniia Voropaeva : 40; liskus : 8hg, 95; Little Bride : 93; Lyudmyla Kharlamova : 45m; Mackey Creations : 60hg; Macrovector : 25hd, 36, 41, 51md, 73, 77b, 86b, 97, 103mg, 103bd (bouc), 104, 106hd (chocolat), 106m (femme); Mangsaab : 70bg (homme ivre); Margarita Levina : 25mg; mari.nl : 106hd (chef); Maria Kolyadina : 81; Maria Starus : 11bd; Marish : 46bg, 79h; Mascha Tace : 21, 105mg, 107; Max Griboedov : 10bg; Meilun : 80hg; miniwide : 6h; Miuky : 62bg; moonkin : 110; MSSA : 74, 89; MyClipArtStore.com : 94; Naddya : 19bd (cerises); narakOrn : 30hg; nata_danilenko : pancakes; Netta07 : bol de riz; Nikita Chisnikov : 42hd; nikiteev_konstantin : 63; notkoo : 86h; Olga1818 : 5m, 10hd, 18, 22, 35, 37, 38, 39, 43, 45hg, 49, 88, 117bg, 117bd, 118bd; olillia : 23bd, 31h, 112; Oliver Hoffmann : 26bd; Orion-v : 24; Oxy_gen : 7h; PPVector : 106md (chandelier); Pretty Vectors : 17hd (garçon endormi); red rose : 70m (maillot); robuart : 17hd (plombier); Rosa Puchalt : 103bd (gâteau); silanti : 60bd; skyclick : 70bd (nageur); SkyPics Studio : 62md (patineurs), 91; SofiaV : 19bg (légumes); Spreadthesign : 9h, 15, 70b (mains), 106bd (ventre); stockakia : 54bd; Studio_G : 17bg; Tatiana Stulbo : 106hd (orchidée); Taxiro : 28bg; tele52 : 106bg (machine à laver); tn-prints : 72; Tomacco : 47, 103bd (guitare); valeriya_sh : 103bd (palette); Vasilyeva Larisa :117hd; venimo : 76; Vetreno : 30md, 109; Virinaflora : 106bd (architecte); Visual Generation : 56; yoshi-5 : 9b; Yuyula : 52h.

Conception graphique de la couverture : AllRight
Conception graphique de l'intérieur : MediaSarbacane
Adaptation graphique : Marion Huet
Mise en pages : Élodie Bourgeois pour Céladon éditions
Réalisation : Céladon éditions, www.celadoneditions.com

Dépôt légal : mai 2017
N° d'édition : 4349

ISBN : 978-2-7005-8167-6
www.assimil.com
Imprimé en Roumanie par Master Print